KB263207

발도르프학교의 동물학 수업

발도르프학교의 동물학 수업

The Human Being and the Animal World

발도르프학교의 동물학 수업

찰스 코박스 지음　개미와 베짱이 옮김

1판 1쇄　2025년 12월 15일

펴낸이　[사] 발도르프 청소년 네트워크 도서출판 푸른씨앗

편집 백미경, 최수진, 안빛 | **디자인** 유영란, 문서영

번역 기획 하주현, 권미희 | **마케팅** 남승희, 이연정 | **운영 지원** 김기원

등록번호 제 25100-2004-000002호 **등록일자** 2004.11.26.(변경 신고 일자 2011.9.1.)

주소 경기도 의왕시 청계로 189 **전화** 031-421-1726 **페이스북** greenseedbook

카카오톡 @도서출판푸른씨앗 **전자우편** gcfreeschool@daum.net

www.greenseed.kr

@greenseed_book

값 18,000원
ISBN 979-11-86202-97-5 (04370)
ISBN 979-11-86202-92-0 (세트)

발도르프학교의
동물학 수업

찰스 코박스 지음

개미와 베짱이 옮김

도서출판
프씨ㅇ
푸른씨앗

차례

4학년을 위한 수업

5학년을
위한
수업

책을 내며

발도르프학교에서는 4~5학년(9~10세) 때 동물학 수업으로 '인간과 동물'을 배웁니다. 이 책은 발도르프학교 교사인 찰스 코박스가 4~5학년 아이들과 수업한 내용을 정리한 것입니다. 찰스 코박스 선생님이 근무한 학교가 스코틀랜드의 에든버러에 있었기 때문에 선생님은 주로 스코틀랜드와 관련이 있는 동물로 수업을 했습니다. 이 책을 참고해 수업하고자 하는 교사라면 지역의 특색에 따라 적절한 동물을 선택하면 됩니다. 2부는 5학년을 위한 수업입니다. 안타깝게도 원고의 마지막 부분이 분실되어 '13장 사자'와 '14장 안내견 버디'는 어릴 적 선생님의 제자였던 제가 기억을 더듬어 덧붙였습니다. 뒷부분에는 '인간과 동물' 수업 시간에 불렀던 노래 3곡도 수록했습니다.

찰스 코박스는 루돌프 슈타이너의 제안[1]에 따라 동물을 머리-동물과 몸통-동물로 나누어서 설명하고 있습니다. 더 심도 있는 과학적 논의를 원한다면 볼프강 샤드의『Man and Mammals』[2]와 크레그 홀드리지의 'Seeing the Animal Whole'[3]을 참조하면 좋을 것입니다. 이 책은 결코 교사들이 그대로 따라야

하는 지침서가 아닙니다. 저는 그런 의도로 이 책을 만들지 않았습니다. 다만 자신만의 방식으로 수업하고자 하는 모든 교사에게 창의력을 불러일으키는 자극이 되기를 바랍니다.

아스트리드 매클린*Astrid Maclean*

■ 루돌프 슈타이너Rudolf Steiner(1861~1925)의『발도르프 교육 방법론적 고찰』(밝은누리 2009) '일곱 번째 강의'

■ 『Man and Mammals』(Waldorf Press 1977)

■ 『Seeing the Animal Whole And why It Matters』(Lindisfarne Books 2021) 참조

'인간과 동물' 수업을 들어가며

*이 글은 찰스 코박스 선생님이 학급의 부모들과
나눈 이야기의 일부입니다.*

　　동물학 수업인 '인간과 동물'은 4학년 수업 중에 꽤 큰 비중
을 차지합니다. 오늘은 우리가 '인간과 동물' 수업을 중요하게 다
루는 이유에 대해서 말씀드리고 싶습니다. 9~10살 아이들이 동물
이야기를 좋아하기 때문에 이런 수업을 한다고 단순하게 생각할
수도 있겠지요. 물론 아이들은 기본적으로 동물에게 관심이 많습
니다. 관심이 지나쳐 엉뚱한 모습을 보일 때도 있습니다. 지금 들
려 드리는 일화가 그렇습니다. 아이들이 동물을 어떻게 생각하는
지 잘 알 수 있는 이야기이기도 합니다. 한 아빠가 어린 아들과 함
께 그림 전시회에 갔습니다. 역사적 사건을 그린 그림들 중에 로
마 원형 전차 경기장 안에서 기독교 순교자들이 사자 무리에게 먹
이로 던져진 그림이 있었습니다. 아빠는 그 그림을 보면서 순교
자들의 영웅적인 행동을 열심히 설명하고 있었습니다. 그런데 갑
자기 아들이 흥분하며 아빠의 말을 가로막았습니다. 아이는 그림

의 한 귀퉁이를 가리키며 말했습니다. "아빠, 저 사자는 너무 불쌍해요. 잡아먹을 순교자가 없어요."

　　4학년 아이들 안에 생겨나는 동물에 대한 관심은 그보다 더 어린 아이들이 동물에게 보이는 관심과 구별되어야 합니다. 9~10살 이전 아이들은 동물을 동화 세계의 존재로 여깁니다. 동물이 인간처럼 말하고 행동하는 이야기를 들어도 조금도 이상하게 생각하지 않습니다. 하지만 9~10살이 되면 달라집니다. 동물이 본질적으로 인간과 다르다는 것을 서서히 깨닫기 시작합니다. 요컨대 아이들이 인간과 자연을 구별해서 인식하기 시작하는 출발점에 서 있는 것입니다. 무엇이 아이의 영혼에 이런 변화를 불러왔을까요?

　　이 시기 아이들에게 나타나는 변화에 대해 가능한 한 분명하게 설명하고 싶습니다. 이 변화는 이 나이 아이들의 영혼 상태를 이해하는 데 아주 중요한 열쇠입니다. 그뿐만 아니라 이 변화를 이해함으로써 어른들의 사고가 작동하는 방식까지 알 수 있습니다. 우리 어른들에게는 이성적, 논리적 사고와 상상이라는 두 사고 활동을 명확하게 구분하는 것이 자연스럽고도 필수적입니다. 이 두 사고 기능은 잘 분리되어져야 합니다. 만약 그렇지 못하면 정신적으로 정상이 아닌 사람으로 취급될 것입니다. 그러나 한 줄기에서 뻗어 나온 두 개의 가지처럼 이 두 가지 사고 활동은 원래 하나였습니다. 오늘날에는 이 구분을 당연하게 여기지만 역사적으로 보면 이성적, 논리적 사고는 기원전 500년경 그리스 철학과 과학 시대 이후에 나타난 것입니다. 그 이전에는 어른들의 사고 활동에서도 논리적 사고와 상상이 서로 구분되지 않고 하나로 존재했습니다. 당연히 지금 우리가 알고 있는 철학이나 과학이 없었습니다. 대신 신화가 있었습니다. 그리스 철학 시대 이전 시대 사람들에게 자연은 다양한 존재와 신, 괴물들이 사는 세상이었지요.

9~10살 이하의 어린아이들은 인간 정신의 논리적인 측면과 비논리적이고 상상적인 측면이 아직 완전히 구분되지 않고 어느 정도 뒤섞인 단계입니다. 이 아이들에게는 '용이 공주를 위협했다.'는 말과 '2 곱하기 2는 4이다.'라는 말이 다른 세계에 속한 것이 아닙니다. 아이들은 그 둘을 동일한 현실로 받아들입니다. 억지로 이 두 세계를 구분 짓도록 만든다면 아이들에게 돌이킬 수 없는 손상을 입히게 됩니다. 사고 발달이 억지로 촉진되면 사춘기 때 정서적인 혼란을 겪을 수 있습니다. 9~10살 무렵이 되면 이 두 가지 사고 기능이 저절로 구분되기 시작하면서, 이성적 사고 능력이 상상에서 떨어져 나오기 시작합니다. 이 나이 아이들에게는 지적 능력을 키워 줄 양분이 필요합니다. 그렇기 때문에 아이들은 우화나 동화가 아니라 좀 더 사실에 가깝고 객관적인 동물 이야기를 듣고 싶어 합니다. 과학의 세계로 들어가고 싶어 하는 것이지요.

바로 이때가 아이를 과학의 문으로 이끌 중요한 순간입니다. 하지만 어른들이 결코 해서는 안 되는 일이 있습니다. 이제 막 과학의 세계에 발을 들인 어린아이들에게 수많은 과학적 이론과 가설을 쏟아붓는 것입니다. 이런 가설과 이론은 이미 검증을 마친 과학적 진실이라고 알려져 있지만 사실은 그렇지 않은 경우가 많습니다. 특히 동물과 관련한 것들 중에 그런 경우가 허다합니다. 19세기 후반부터 사람들은 동물계를 오직 적자생존으로 인한 투쟁이 지배하는 세계라고 생각했습니다. 다원주의를 지나치게 단순화 시켜 버린 이런 견해는 이미 시대에 뒤떨어진 과거의 유물이 되어 버렸음에도 불구하고 아이들이 읽는 책 속에는 여전히 그런 생각이 스며들어 있습니다. 직접적으로나 간접적으로 동물계에 대한 이런 상을 아이들에게 각인시킨다면 우리는 원하든 원치 않든 아이들 영혼 속에 잔혹하고 무자비한 이기주의의 씨앗을 심게 되는 것입니다. 아이들에게 도덕적이지 않은 요소를 가르치는 셈이 됩니다.

그래서 우리는 아이들이 동물을 인간과 연관 지어서 볼 수 있도록 가르칩니다. 하지만 인간이 동물보다 더 우수하고 고도로 발달된 두뇌를 가지고 있다는 것을 중요하게 다루지 않습니다. 오히려 인간을 동물보다 더 높은 존재로 만들어 준 것은 바로 직립보행이며, 그로 인해 자유로워진 손으로 자신뿐 아니라 다른 사람들을 위해서 일할 수 있다는 것을 강조합니다. 이러한 방식으로 우리는 아이들이 자연과 동물을 객관적, 이성적으로 이해할 수 있도록 이끌며 동시에 아이들 내면에 사회적, 도덕적 힘이 강화되도록 합니다. '인간과 동물'은 동물에 대한 아이들의 흥미를 채워 주기 위한 수업이 아닙니다. 지식을 전달하는 것뿐만 아니라 아이들의 도덕성을 기르는 데 크게 기여하는 과목입니다.

앞에서 영혼의 두 가지 작용인 이성적 사고와 상상에 대해 말씀드렸는데, 상상이나 환상도 결코 열등한 능력이 아니라는 점을 강조하고 싶습니다. 이성적 사고를 키우는 것만큼 상상의 힘을 키우는 데도 공을 들여야 합니다. 상상 역시 필요한 자양분을 많이 제공하여 충분히 키워 주어야 합니다. 그래서 우리는 4학년 아이들에게 토르와 오딘의 위대한 전설인 북유럽 신화를 들려줍니다. 어른들에게는 어둡고 거친 이야기처럼 보일 수 있지만 아이들은 이런 이야기를 정말 좋아합니다. 왜 그럴까요? 아이들은 그 이야기 속에 많은 시간이 지난 후에 열매를 맺게 될 씨앗이 들어 있다는 것을 느낄 수 있거든요. 신화에는 인간의 영혼에서 벌어지는 선과 악의 끝없는 싸움이 투영되어 있습니다. 선을 말라빠진 도덕적 규범이 아니라 아름다운 신적 존재로, 악은 괴물 같은 추악한 존재로 그리고 있습니다. 신화를 통해 아이들은 자연스럽게 선을 아름답게 여겨 사랑하게 되고 악을 추악하게 여겨 미워하게 됩니다. 이는 도덕을 강변하는 설교보다도 강한 힘을 가지고 있습니다.

이 시기에 이성적인 사고가 깨어난다는 것은 이미 말씀드렸습니다. 이 이성적 사고로 인해 아이들 내면에서 어떤 일이 일어나는지 살펴보겠습니다. 우리 어른들은 이성적 사고를 지식을 얻는 일에만 사용하지 않습니다. 맞건 틀리건 다른 사람을 비판할 때도 이성적 사고를 사용합니다. 비판 능력은 이성적으로 사고할 수 있게 되면서 얻게 되는 부수적인 산물입니다. 이 시기의 아이들은 이제 더 이상 부모나 교사의 권위를 무조건 받아들이지 않습니다. 어른들의 개인적인 약점이나 단점을 보기 시작합니다. 따라서 부모나 교사가 아이들 인생의 길잡이가 되려고 한다면 정말 많은 노력이 필요할 것입니다. 아이들이 어린 판사가 되어 우리를 지켜보는 일은 어쩌면 본능적으로 벌어지는 너무나 자연스러운 일입니다. 결코 우리를 호락호락하게 봐주지 않을 것임을 명심해야 합니다. 만약 우리의 삶이 아이들이 기대하는 기준에 미치지 못하면 우리는 권위를 잃게 될 것입니다.

이성적 사고를 통해 세상을 명확하게 보게 되면서 아이들은 다른 한편으로 공정함에 대해 극도로 예민해집니다. 불공정하다고 느끼는 모든 일에 과민 반응을 보입니다. 하루는 아이들에게 분수를 풀게 하려고 이야기를 들려주었습니다. 왕이 반지를 잃어버린 이야기였습니다. 왕은 반지를 찾아오는 사람에게 큰 상을 내리겠다고 했습니다. 한 말단 병사가 그 반지를 발견하고는 직접 왕에게 드리려고 했습니다. 그런데 왕을 만나려면 몇 명의 관리를 거쳐야만 했습니다. 그때마다 관리들은 병사가 받을 상을 나눠 달라고 요구했고 병사는 어쩔 수 없이 그러겠다 약속을 했습니다. 마침내 병사가 왕 앞에 다다랐을 때 욕심 많은 관리들에게 약속한 것을 빼고 나니 병사가 받을 상이 하나도 남지 않았습니다. 여기까지 이야기를 들은 아이들은 말도 안 된다면서 펄쩍 뛰었습니다. 하지만 왕이 상으로 무엇을 받고 싶은지 물었을 때 병사가 하는 대답을 듣고 아이들의 표정이 얼마나 환해졌는지 모릅니다. 병사는 왕에게 채찍 120대를 상으로 달라고 했고, 이 상은 관리들에게 골고루 분배되었습니다. 정의가 실현된 이야기의 결말에 어찌나 만족해하는지 아이들이 분수 풀이는 까맣게 잊어버리는 건 아닌지 걱정이 될 정도였습니다.

■ 일러두기

1. 본문에 나오는 동물 그림은 청계자유 발도르프학교 학생이 4, 5학년
   수업 시간에 그린 그림입니다.

2. 추천의 글에 삽입한 노래 다섯 곡 중에 '우리 집 강아지'를 제외한
   네 곡은 <KOMCA>에서 사용을 허락 받아 이 책에 수록했습니다.

   '우리 집 강아지'는 저작권자를 찾지 못했습니다. 이 노래의 저작권을
   가지고 있는 분은 출판사로 연락 바랍니다.

4학년을 위한 수업

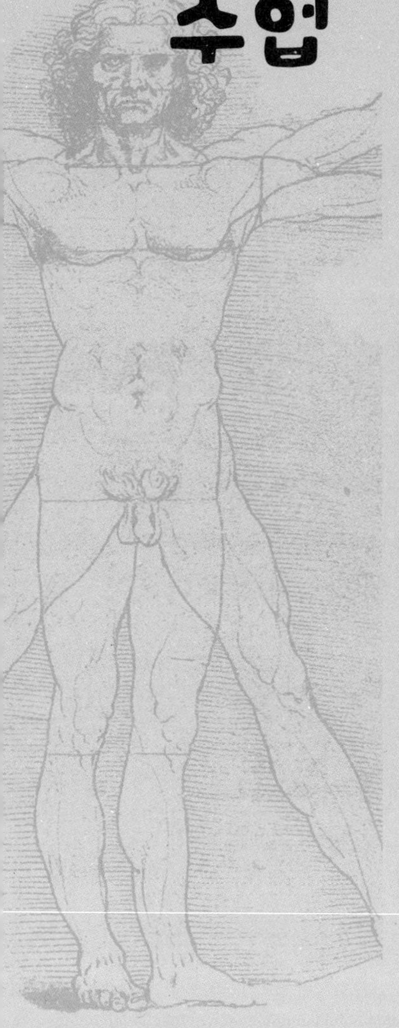

우리 몸의 세 부분 머리, 몸통, 사지 01

날씨가 점점 추워질 때 우리는 추위에 대비해 옷을 잘 챙겨 입고 몸을 감싸 주어야 합니다. 모자를 쓰고 외투와 긴 바지를 입고 긴 양말과 튼튼한 신발을 신고 따뜻하게 장갑도 낍니다. 이렇게 우리 몸을 감싸 주는 것들이 얼마나 다르게 생겼는지 생각해 보세요. 모자와 장갑은 생긴 모양이 아주 다릅니다. 장갑을 머리에 쓰고 모자를 손에 끼는 것은 별 도움이 되지 않을 겁니다. 보다시피 인간의 몸은 서로 매우 다른 부분으로 이루어져 있으므로 그에 맞게 여러 가지가 필요합니다.

모자는 둥글어야 합니다. 우리 머리가 둥글기 때문이죠. 목과 연결된 부분은 다소 평평하지만, 머리 전체는 지구본이나 공처럼 둥글게 생겼습니다. 이런 형태를 '구'라고 부릅니다. 밀납이나 점토로 머리를 만들려면 눈, 코, 입을 만들기 전에 먼저 작은 공을 만들어야 할 것입니다. 늙은 호박으로 만든 핼러윈 등을 떠올려 보세요. 둥그런 호박에 구멍만 몇 개 뚫어도 머리처럼 보입니다. 호박으로 팔이나 다리를 만들 수는 없겠지요. 어떤 면에서 머리는 쉽게 깎거나 빚을 수 있습니다. 태양이나 보름달처럼 둥그랗게 만들면 됩니다. 보름달을 보면서 땅을 내려다보고 있는 얼굴을 상상하는 것은 쉽습니다. 보름달은 둥글기 때문입니다. 이지러지지 않은 완벽한 원입니다.

이것이 신체의 가장 위쪽 부분인 머리입니다. 조금 아래로 내려가면 가슴과 배가 있습니다. 이 부분은 몸통입니다. 몸통은 머리, 팔, 다리를 제외한 신체 부위로 조끼를 입었을 때 가려지는 부분입니다. 머리가 보름달처럼 생겼다면 몸통은 반달에 가깝습니다. 몸통을 머리처럼 완전히 동그랗게 만들면 안 됩니다. 그런데 우리가 눈사람을 만들 때는 다르지요. 눈덩이를 굴려 머리보다 더 큰 공을 만든 다음 눈사람의 몸통으로 삼습니다. 그런데 이것은 실제 사람의 몸통과는 다르게 생겼습니다. 사람 몸통에 가깝게 만들려면 약간이라도 우묵하게 파내야 합니다. 완전히 둥근 공보다는 바나나가 실제 몸통에 더 가깝습니다. 바나나가 너무 심하게 꼬부라져 있지만 않으면 말이지요. 밀랍이나 점토로 공을 만들어 바나나 위에 올려놓으면 몸통 위에 머리가 있는 것처럼 보입니다. 그러니 머리는 보름달에 가깝고 몸통은 반달에 가깝다고 할 수 있습니다.

이제 세 번째 신체 부위인 사지, 즉 다리와 팔을 살펴보겠습니다. 사지는 바지나 스타킹, 소매로 덮이는 부분입니다. 바지나 소매의 모양만 보아도 사지가 똑바로 뻗어 있다는 것을 알 수 있습니다. 마치 태양빛과 달빛이 곧게 비치는 모양 같습니다. 점토로 만든 몸통에 막대기 몇 개를 꽂으면 영락없이 팔과 다리로 보일 것입니다.

사지는 곧게 뻗어 있습니다. 물론 구부릴 수도 있지만 우리가 똑바로 서면 팔, 다리는 곧게 뻗은 모양이 됩니다. 몸통은 완전히 곧게 뻗을 수 없고 (반달 모양에 가까운 몸통은 안쪽이나 바깥쪽으로 살짝 굽어 있습니다) 머리는 항상 둥근 형태입니다. 우리 몸에 걸치는 것들이 다양한 이유는 각 신체 부위가 다르게 생겼기 때문입니다.

둥근 머리, 반달 모양의 몸통, 곧게 뻗은 팔다리. 이것이 인간 신체를 이루는 주요 부분입니다. 이중에서 머리와 사지는 모든 면에서 완전히 다릅니다.

사지가 하는 일을 생각해 볼까요. 우선 다리는 신체를 떠받치는 역할을 합니다. 몸통과 팔, 머리의 무게를 온전히 감당하고 있습니다. 이 모든 무게를 떠받친 상태에서 다리는 가만히 서 있을 뿐 아니라 걷고 달리고 뛰어오르고 춤을 추기도 합니다. 밀랍이나 점토로 사람을 만들어 보면 실제 사람 몸의 비율처럼 다리를 가늘게 만들어서는 제대로 세울 수가 없다는 것을 알 수 있습니다. 하지만 사람의 다리는 몸 전체의 무게를 거뜬히 떠받치고 있습니다. 덕분에 우리는 몸을 일으켜 세울 수 있을 뿐만 아니라 걷기도 하고 뛰어다닐 수도 있습니다. 우리 몸을 위해 일하는 다리는 대단히 튼튼하고 믿음직합니다.

팔과 손도 몸을 떠받칠 수는 있습니다. 하지만 다리가 그 일을 해 주기 때문에 그럴 필요가 없습니다. 신체를 떠받치지 않아도 되어 자유로워진 팔과 손은 무수히 많은 다른 일을 합니다. 선

그리기, 색칠하기, 글쓰기, 악기 연주, 공놀이, 장난감이나 인형 갖고 놀기, 물건을 들고 내리기, 자동차나 배·비행기 등 운전하기, 친구 손 잡기, 악수하기, 넘어진 사람 일으켜 주기 등등. 의사나 간호사, 정원사가 손으로 하는 일도 생각해 보세요. 이처럼 손이 할 수 있는 일은 무궁무진합니다. 우리의 사지 중에서 다리가 힘이 세고 믿음직하다면, 손과 팔은 정말 많은 일을 합니다. 다리가 신체를 떠받치는 일을 훌륭하게 해내기 때문에 손이 이러저러한 일을 자유자재로 할 수 있는 것이지요.

　손이나 다리와 비교하면 머리는 아주 게으른 친구입니다. 목 위에 편안하게 놓여서 크게 움직이지 않습니다. 머리는 보고 듣고 냄새 맡으며 주위에서 일어나는 일들을 지켜보기만 하고 실질적인 일은 모두 팔이나 다리가 수행합니다. 가만히 놓여 있는 이 둥그런 친구, 머리도 중요한 부위인 것은 틀림없습니다. 그렇지만 머리가 우리 신체 중에서 실질적인 일은 거의 하지 않는 부위라는 것을 알아 둘 필요가 있습니다. 가장 힘든 일은 사지가 합니다. 몸통은 중간입니다. 몸통도 일을 하기는 합니다. 몸통 안에서는 심장이 뛰고, 폐가 숨을 쉬고, 위가 음식물을 소화합니다. 하지만 가장 활동적으로 움직이는 것은 사지입니다. 그에 비하면 몸통은 덜 활동적이며 머리는 가장 움직임이 적습니다. 우리는 지금까지 신체의 세 부분인 머리, 몸통, 사지에 대해 살펴보았습니다. 사지가 대부분의 일을 수행하며, 그중에서도 특히 손이 가장 멋진 신체 부위라는 것을 알게 되었습니다. 왜냐하면 손은 다른 모든 신체 부위에 비해 훨씬 많은 일을 할 수 있기 때문입니다.

▲▲▲

　지금까지 신체를 이루는 세 부분인 머리, 몸통, 사지를 살펴보았습니다. 사지 중에서도 팔과 다리가 큰 차이가 있음을 알았습니다. 다리가 충실하게 몸을 떠받치는 역할을 한다면 손과 팔은 일일이 셀 수 없을 정도로 많은 일을 자유롭게 할 수 있습니다. 자동차보다도 더 믿음직할 정도로 다리는 강하고 충실하지요. 하지만 다리는 자기 신체를 위해서만 일을 합니다. 그런데 부모님이 여러분을 위해서 식사를 준비하는 모습을 떠올려 보세요. 부모님의 손은 자신을 위해서만 일하지 않습니다. 모든 가족을 위해 일합니다. 선생님이 칠판에 그림을 그릴 때 선생님의 손은 교실에 앉아 있는 여러분을 위해서 일하는 것입니다. 건설 노동자, 농부, 어부, 광부가 하는 일을 생각해 보세요. 사람들은 남이 필요한 일을 하는 데 자기 손을 사용합니다. 그래서 우리는 이렇게 말할 수 있습니다. 다리와 발은 우리 자신을 위해 봉사하고 손은 세상을 위해, 타인을 위해 봉사합니다. 물론 우리는 자신을 위해서도 손을 사용하지만 다른 사람을 위해 사용할 수도 있습니다. 길에서 넘어진 사람을 부축해서 일으켜 줄 때 우리 손은 남을 위해 일하는 것이지요. 이제 우리는 사람의 신체가 얼마나 경이롭게 만들어졌는지 이해할 수 있습니다. 머리는 고요하게 앉아 있고 사지는 활발하게 일합니다. 다리는 나를 위해서 일하는 반면 손은 타인을 위해, 온 세상을 위해 일할 수 있습니다. 그리고 고요한 머리와 일하는 사지 사이에 몸통이 있습니다.

　머리는 그냥 동그란 공이 아닙니다. 머리에는 눈과 귀, 코, 입이 있습니다. 우리가 보고 듣는 것 그리고 단맛, 신맛, 쓴맛, 짠맛 등의 각종 맛과 냄새는 머리를 통해 우리에게 들어옵니다. 크고 작은 것을 구별하고 아름답고 추한 것을 알아볼 수 있는 것은 우리 머리에 눈이 있기 때문입니다. 사람들이 말하는 것을 듣고, 음악과 시, 자동차 소음이나 동물의 소리를 듣는 것은 귀가 있어서 가능한 일입니다. 어렸을 때 귀로 소리를 들을 수 없었다면 말하는 법을 배우지 못했을 것입니다. 맛있는 밥 냄새, 장미 향기, 강아지 냄새 등 냄새만으로도 우리는 많은 것을 알 수 있습니다. 코가 있어 온갖 냄새를 맡을 수 있습니다. 또한 우리가 입으로 맛을 느낄 수 없다면 음식을 맛있게 먹을 수도 없을 것입니다. 모든 음식의 맛이 똑같다면 삶이 얼마나 재미없고 지루할까요?

우리가 세상에 대해 아는 건 대부분 머리를 통해 들어옵니다. 머리는 다리나 팔, 손처럼 많이 움직이지는 않지만, 머리에는 말하자면 여러 개의 창문이 있어서 그 창문을 통해 세계가 우리에게 들어옵니다. 손과 머리를 비교해 봅시다. 어떤 차이가 있나요? 손으로 우리는 세상에 무언가를 줍니다. 손으로 만든 모든 것을 세상에 줍니다. 그런데 머리에 있는 눈, 귀, 코, 입을 통해서는 세상이 우리에게 무언가를 줍니다. 색깔, 모양, 소리, 냄새, 맛 등을 우리에게 주지요. 한마디로 모든 앎을 우리에게 줍니다. 정리하자면 손은 세상에 베풀고 머리는 세상을 받아들인다고 할 수 있습니다.

눈, 귀, 코, 입은 세상을 향해 열려 있는 창문입니다. 그런데 이 창문을 통해 들어온 것은 머리에만 머물러 있지 않습니다. 입에 맛있는 음식을 넣고 맛을 보세요. 그 음식이 입에만 머물러 있나요? 당연히 아니지요. 입안에 있던 음식은 몸통으로 내려가 위에서 소화됩니다. 숨을 들이켜 꽃향기를 맡으면 향기를 머금은 공기는 몸통에 있는 폐로 들어갑니다. 소리도 비슷합니다. 아주 듣기 싫은 소음을 들으면 그 소리가 우리 몸통, 신체 전체를 뚫고 지나가는 느낌을 받습니다. 반면에 아름다운 선율을 들으면 그 소리는 심장으로 들어가 우리를 편안하게 해 줍니다. 아름다운 것과 추한 것을 볼 때도 마찬가지입니다. 우리가 본 것들이 심장으로 내려가는 것을 느낄 수 있습니다. 우리가 보고, 듣고, 냄새 맡고, 맛본 것은 모두 머리에만 머무르지 않고 더 깊이 몸통까지 들어갑니다. 이처럼 인간의 몸은 그리 단순하지 않습니다. 아래에서부터 보자면 다리는 우리를 위해 일을 하고 손은 세상을 위해 일합니다. 다음으로 손과 머리를 비교하면 손은 세상에 무언가를 주고 머리는 세상으로부터 소리, 냄새, 맛 등을 받아들입니다. 그런데 세상으로부터 받아들인 것들은 머리에만 머물지 않고 몸통으로 내려갑니다. 몸통으로 내려가면 어떻게 될까요? 음식을 생각해 보세요. 음식은 위에서 소화되고, 소화된 음식은 팔과 다리를 튼튼하게 만들어 우리가 해야 할 일을 잘 할 수 있도록 해 줍니다. 아름답고 선한 모든 것은 우리에게 힘을 주고 우리를 강하게 합니다. 이것이 우리가 세상을 사는 방법입니다. 세상은 우리에게 경험하고 소화할 것을 줍니다. 그것들은 우리를 강하고 튼튼하게 만들고 우리는 다시 세상을 위해 뭔가를 해 줄 수 있게 됩니다. 우리는 머리로 받아들이고 손으로 내어 줍니다.

갑오징어 <u>02</u>

　우리는 앞에서 인간의 몸에 대해 배웠습니다. 먼저 인간의 몸이 머리, 몸통, 사지의 세 부분으로 이루어져 있다는 것을 알지 못하면 이 세상에 있는 다양한 동물을 제대로 이해하기 어렵습니다.

　세상에는 하늘을 날아다니고, 육지를 뛰어다니거나 기어다니고, 물에서 헤엄치는 수없이 많은 종류의 동물이 있습니다. 우리는 이렇게 다양한 동물을 머리-동물, 몸통-동물 그리고 사지-동물로 구분할 수 있습니다. 머리-동물이라고 말할 때는 그 동물이 머리만 있다는 뜻이 아닙니다. 당연히 세상에 그런 동물은 없지요. 머리-동물도 몸통과 사지가 있어야 살 수 있습니다. 머리-동물은 몸 전체가 인간의 머리처럼 움직이는 동물을 말합니다. 몸 전체가 하나의 머리인 것처럼 행동하는 것이지요. 그러면 우리 머리는 어떤 일을 할까요? 머리는 다리나 손처럼 일하지 않습니다. 머리는 주변에서 일어나는 일들을 주시합니다. 말하자면 세상을 가져오는 기관입니다. 어쩌면 '빨아들인다'고도 할 수 있습니다. 우리는 코로는 공기를, 입으로는 음식을 그리고 귀를 통해서는 소리를 빨아들입니다. 소리를 빨아들인다는 것은 소리가 곧장 내이로 들어간다는 것입니다. 뭔가를 볼 때도 마찬가지입니다. 너무나 아름답고 멋진 것을 본다고 합시다. 그때는 내 눈이 그것을 잡아서 안으로 끌어당기는 것처럼 느껴집니다. 이것이 머리가 일하는 방식입니다.

바다에는 갑오징어라고 하는 아주 신기한 동물이 있습니다. 갑오징어는 물고기가 아닙니다. 생긴 모습도 물고기와는 전혀 다른데 바다에서 삽니다. 멋있다기보다는 아주 특이하게 생겼습니다. 갑오징어는 눈이 아주 큽니다. 다른 신체 부위와 비교하면 눈이 유독 커다랗습니다. 몸은 40cm밖에 안 되는데 눈은 지름 2~3cm 정도로 포도알만 합니다. 이렇게 좌우로 크게 툭 불거져 나와 있는 눈 아래에 앵무새 부리 같이 생긴 입이 있습니다. 그런데 우리는 갑오징어의 입을 잘 볼 수가 없습니다. 왜냐하면 입 주변을 촉수가 감싸고 있기 때문입니다. 촉수는 일종의 뼈 없는 팔입니다. 뼈가 없기 때문에 자유자재로 비틀고 구부릴 수 있지요. 기다란 뱀과 비슷하다고 생각하면 됩니다. 갑오징어에게는 이런 촉수가 10개 있어요. 말하자면 입 주변에 기다란 고무팔이 10개 달려 있는 셈입니다. 8개는 짧고 2개는 길어요. 각 고무팔에는 단추처럼 생긴 것들이 줄지어 달려 있는데 이것을 빨판이라고 합니다. 갑오징어의 팔 즉 촉수가 우리 피부에 닿으면 빨판이 찰싹 달라붙어 잘 떨어지지 않습니다.

　　갑오징어의 몸 앞부분에는 눈과 부리, 촉수가 있고, 몸 뒷부분에는 몸통이 있습니다. 몸통은 몸에 딱 붙지 않고 느슨하게 늘어진 껍질로 덮여 있습니다. 이 껍질은 몸의 양옆에서 펄럭거리는데 천천히 헤엄칠 때는 이것을 지느러미처럼 사용해 설렁설렁 움직입니다. 하지만 빨리 갈 때는 완전히 다른 방식으로 움직입니다. 아가미로 물을 쭉 빨아들인 다음 머리 아래에 있는 구멍으로 확 내뿜어서 몸 전체가 뒤로 움직입니다. 이런 식으로 물줄기를 분출해 재빨리 후진합니다.

　　갑오징어는 커다란 눈으로 항상 주변을 지켜봅니다. 지켜보는 동안에는 거의 움직이지 않습니다. 그저 가만히 물속을 떠다닙니다. 그러다 맛있는 새우를 발견하면 물을 쭉 빨아들였다 뿜어내며 순식간에 새우에게 다가가, 긴 팔을 뻗어 새우를 확 낚아챕니다. 그런 다음 짧은 팔에 새우를 넘겨주면 발판으로 옴짝달싹하지 못하게 붙잡습니다. 이제 맛있게 먹는 일만 남았겠지요.

물론 인간의 눈에는 빨판 달린 촉수 같은 건 없기 때문에 좋아하는 것을 잡아채지는 못하지요. 하지만 욕심 많은 사람이 갖고 싶은 것을 바라보는 탐욕스러운 눈길을 생각해 보세요. 마치 눈에서 보이지 않는 촉수가 나와서 그 물건에 빨판을 찰싹 붙이고 있는 것 같습니다. 물건에서 눈을 뗄 수가 없는 것이지요.

▲▲▲

갑오징어가 물속에서 떠다니거나 물줄기를 내뿜어 이동하는 모습을 생각해 보세요. 이 신기한 동물은 혼자서 헤엄쳐 다니는 머리처럼 보입니다. 머리가 주변에서 벌어지는 일을 지켜보는 것처럼 갑오징어도 모든 것을 지켜봅니다. 말하자면 갑오징어는 늘 주위를 경계하며 자기 주변에서 일어나는 일을 의식하고 있습니다.

게다가 갑오징어는 자기가 주변 세계를 의식하고 있다는 것을 굉장히 특별한 방식으로 드러냅니다. 놀랍게도 피부의 색깔을 바꾸는 것이지요. 바닥에 노르스름한 모래가 깔린 곳에서 헤엄을 칠 때면 피부에 노란빛이 돕니다. 짙은 초록색 해초 주위를 떠다니면 피부가 해초와 같은 색으로 변합니다. 캄캄한 동굴 속에서는 검은색으로 바뀌고, 맑은 물에서는 연한 녹색으로 바뀌어 눈에 잘 띄지 않습니다. 어떻게 이런 일이 가능할까요? 갑오징어는 해초의 색깔을 보는 순간 그 색이 눈으로만 들어오는 것이 아니라 몸 전체로 곧바로 들어가서 피부 색깔로 드러나는 것입니다. 마치 사진이나 영화로 찍는 것처럼 말이지요.

이렇게 피부색을 자기 주변의 해초처럼 보이도록 바꾸는 능력은 굉장히 쓸모가 있습니다. 주변에 있는 것과 비슷한 색을 띠면 돌고래 같은 천적의 눈에 쉽게 띄지 않을 테니까요. 인간이 이런 속임수를 사용할 줄 알게 된 것은 얼마 되지 않습니다. 예를 들면 군인들이 숲에서 전투할 때 짙은 초록색 군복을 입습니다. 이것을 위장술이라고 합니다. 갑오징어는 인간이 이 기술을 고안하기 훨씬 전부터 그런 능력을 갖고 있었습니다.

갑오징어의 피부색이 바뀌는 또 다른 이유가 있습니다. 모래 위를 조용히 떠다니고 있는 갑오징어는 불그스름한 노란색을 띠고 있습니다. 그러다가 갑자기 작은 새우를 발견합니다. 아주 배가 고플 때 눈앞에 차려진 맛있는 음식을 본 적이 있나요? 그럴 때 우리가 느끼는 것과 똑같은 감정을 갑오징어도 느낍니다. 하지만 우리 인간은 그런 감정을 좀처럼 밖으로 드러내지 않습니다. 입안에 침이 고인다고 해도 말이죠. 하지만 갑오징어는 새우를 잡아채 날름 먹어 치우고 싶은 간절한 느낌을 온몸으로 드러냅니다. 불그스름한 노란색을 띠던 피부가 등쪽은 검붉은 색으로 바뀌고 촉수는 초록색으로 바뀝니다. 눈은 분홍색과 파랑색으로 번들거리고, 배는 노랑, 분홍, 보라, 빨강 등 화려한 색이 알록달록 교대로 나타났다 사라졌다 합니다. 이때 갑오징어는 기다란 촉수를 뻗어 새우를 잡아채서는 우적우적 먹어 치웁니다. 그러고 나면 피부색이 평소 색깔로 돌아갑니다. 즉 주변에 있는 모래나 해초의 색깔로 다시 돌아가는 것이지요.

먹고 싶은 것을 볼 때 인간은 식욕을 외부로 드러내지 않지만 갑오징어는 온몸의 색깔로 바로 드러냅니다. 싫어하거나 두려운 것을 맞닥뜨렸을 때도 인간은 피부색을 크게 바꾸지 않습니다. 약간 창백해질 수는 있지만 그게 전부입니다. 그런데 위험이 될 만한 것이 다가온다고 느낄 때 갑오징어는 지금까지와는 전혀 다르게 행동합니다. 피부색을 바꾸는 대신 먹물을 발사합니다. 먹물이 물속에 검은 구름 처럼 퍼졌을 때 최대한 빨리 안전한 곳으로 도망치는 것이지요. 검은 먹물이 옅어질 때까지는 어느 정도 시간이 걸리기 때문입니다. 갑오징어가 물속에서 먹물을 뿜어 내는 것은 바로 두려움 때문입니다.

지금까지 우리는 갑오징어가 얼마나 주변을 잘 인식하는지를 살펴보았습니다. 평소에는 주변과 똑같은 색을 띠고 있다가 맛있는 먹이가 눈앞에 나타나면 피부색을 총 천연색으로 바꿉니다. 그리고 위험에 처했다고 느끼는 순간 먹물을 뿜어 달아납니다. 인간은 주로 머리로만 주변 세상을 인식하는데 반해 갑오징어는 몸 전체로 깨어 있습니다. 그렇기 때문에 갑오징어를 인간의 머리와 같다고 하는 것입니다. 갑오징어는 한마디로 머리-동물입니다.

옛날에는 그림을 그리거나 글씨를 쓸 때 사용하기 위해 검은색 먹물을 얻으려고 어부들이 갑오징어를 잡았습니다. 그러나 실제로는 어두운 갈색인 세피아색이었지요. 오늘날은 다른 이유로 갑오징어를 잡습니다. 갑오징어의 몸속에는 납작하게 생긴 뼈가 하나 있는데, 앵무새처럼 새장에서 기르는 새의 부리와 뼈를 단단하게 만들기 위해 갑오징어의 뼈를 갈아서 먹이에 섞어 줍니다.

지난 시간에 배운 갑오징어를 다시 떠올려 보겠습니다. 갑오징어는 몸 전체가 주로 머리라는 것을 알 수 있습니다. 갑오징어는 팔다리가 아예 없습니다. 그렇다고 물고기처럼 지느러미가 있는 것도 아닙니다. 헤엄을 치려면 피부를 사용하거나 물줄기를 내뿜어야 합니다. 입 주위에는 촉수가 있습니다. 우리가 손을 쓰는 것처럼 촉수로 뭔가를 잡을 수 있지만, 사실 촉수는 혀에 가깝습니다. 그래서 갑오징어는 그냥 머리라고 할 수 있습니다. 말하자면 머리에 눈, 혀, 입이 있고, 몸통은 겨우 머리에 붙어 있는 정도지요. 갑오징어는 주변의 상태를 잘 알아차리고 그에 따라 몸의 색깔을 바꿉니다. 그래서 갑오징어는 머리-동물입니다. 몸통이나 사지보다는 머리의 특성을 더 많이 갖고 있습니다.

오늘 살펴볼 동물은 몸통-동물입니다. 몸통-동물은 머리나 사지보다 몸통의 특성이 강한 동물을 말합니다. 이런 동물에게는 몸통이 가장 중요합니다. 신체적으로 가장 큰 비중을 차지하기도 합니다. 머리는 몸통을 연장해 놓은 것 같아서 몸통과 머리가 한 덩어리로 보입니다. 팔다리도 그리 크지 않습니다. 바로 바다표범입니다.

바다표범의 윤곽을 그림으로 그리기는 매우 쉽습니다. 몸의 윤곽선을 그려 보면 몸 전체가 주로 몸통이고 머리와 사지는 상대적으로 작다는 것을 금방 알 수 있습니다. 이렇게 몸통이 크고 팔다리가 작은 동물이 해변에 올라와 있는 장면을 한번 상상해 보세요. 고래가 육지에 누워 있는 느낌이 들 수도 있습니다. 바다표범은 사실상 육지에 있을 때보다 물속에 있을 때 훨씬 편안합니다. 물론 바다표범도 가끔 육지로 올라오기는 합니다. 하지만 잘 걷지도 못하고 빨리 움직이지도 못해서 애벌레처럼 기어야 합니다. 몸통 자체를 써서 꿈틀꿈틀 기어갑니다. 팔다리에 해당하는 지느러미는 육지에서도 쓸 수 있지만 물속에서 더 훌륭한 역할을 합니다. 뒷지느러미는 빠르고 힘차게 물살을 가를 수 있도록 몸을 밀어 주고, 앞지느러미로는 몸의 균형을 잡습니다.

바다표범의 머리와 몸통, 그러니까 몸 전체의 생김새를 보면 그 모양이 물에서 움직이는 데 아주 적합한 형태라는 것을 알 수 있습니다. 우리 인간이 조정 보트를 만들 때 좁은 쪽을 앞으로 하고 뭉툭한 쪽을 뒤에 둡니다. 뱃머리가 좁고 뾰족하면 물살을 훨씬 잘 가르기 때문입니다. 만약 뭉툭한 쪽으로 보트를 몰려 한다면 훨씬 많은 힘을 들여 노를 저어야 할 것입니다. 이렇게 보면 머리 쪽이 좁고 뾰족한 바다표범의 몸은 보트 모양과 똑 닮은 유선형입니다. 이 말은 물을 가를 때 큰 저항 없이 매끄럽게 나아갈 수 있다는 의미입니다.

　　다른 점에서도 바다표범의 몸은 물속에서 살기에 아주 적합합니다. 우리 인간은 물속에 있을 때 눈이나 코에 물이 들어가기 쉬워 불편하지만 바다표범은 그런 걱정을 할 필요가 없습니다. 바다표범의 귀는 밖에서 보기에는 귓바퀴가 없어서 그냥 구멍이 뚫려 있는 모양입니다. 하지만 물속으로 잠수할 때는 두꺼운 피부로 귀를 덮습니다. 마찬가지로 코도 막습니다. 바다표범도 우리처럼 공기를 들이마시고 내뱉는 방식으로 호흡하기 때문에 공기가 필요합니다. 하지만 잠수할 때는 공기를 다 뱉어 냅니다. 이상하게 들릴 수 있지만 바다표범은 폐에 공기가 가득 차 있으면 물 밑으로 내려갈 수가 없습니다. 공기를 뱉어 낸 상태로 물속에서 30분이나 머물 수 있습니다. 그러고는 물 위로 올라와 숨을 쉽니다. 우리 인간은 그렇게 오래 잠수할 수 없습니다. 아무리 뛰어난 잠수부라도 말이죠. 또한 인간은 물속에 들어갈 때 숨을 참으면 심장 박동이 빨라지지만 바다표범은 물속에 있을 때 심장이 더 느리게 뛴다고 합니다. 바다표범은 폐로 새로운 공기를 마시지 않고도 물속에 있을 수 있고 심지어 물속에서 잠깐 잠을 잘 때도 있습니다.

　　바다표범이 물속에서 잘 지낼 수 있는 이유가 또 있습니다. 물이 얼음처럼 차가운 겨울에도 바다표범은 물속에서 지냅니다. 인간은 그렇게 낮은 온도의 물에서는 몇 분도 못 버티고 얼어 죽고 맙니다. 우리 몸속의 피는 항상 따뜻하게 유지되어야 하는데 그런 추위는 감당할 수 없기 때문이지요. 바다표범 역시 피가 따뜻한 동물입니다. 하지만 피부 아래에 두꺼운 지방층이 있어서 추위를 막아 주고 몸속에 있는 피를 따뜻하게 유지해 줍니다.

지금까지 살펴본 것처럼 지느러미, 유선형의 몸, 코와 귀를 닫아 주는 피부, 오랫동안 물속에 머물 수 있게 해 주는 폐 그리고 두꺼운 지방층. 이 모든 것 덕분에 바다표범은 물속에서도 잘 살 수 있습니다.

▲▲▲

바다표범에는 여러 종류가 있습니다. 우리가 사는 스코틀랜드 해안가에는 회색바다표범과 갈색바다표범이 있습니다. 그런데 재미있게도 이름과는 달리 회색바다표범은 짙은 갈색을 띠는 경우가 많고 갈색바다표범은 실제로는 짙은 회색입니다. 심지어 물에 젖어서 가죽이 번들거릴 때는 털 색깔로 두 바다표범을 분간하기 어렵습니다. 하지만 언제라도 둘을 구별할 수 있는 한 가지 방법이 있습니다. 회색바다표범은 코가 조금 더 뾰족하고 갈색바다표범은 들창코라는 것입니다.

이제 이 바다표범들의 한살이를 출생부터 살펴보겠습니다. 먼저 회색바다표범의 삶을 보겠습니다. 인간은 1년 중 아무 때나 태어납니다. 그래서 일 년 열두 달 어느 달이라도 생일이 될 수 있지요. 하지만 야생 동물은 그렇지 않습니다. 회색바다표범은 10월이나 11월에 태어납니다. 바다표범의 새끼는 육지에서 태어납니다. 어미 바다표범 수백 마리가 새끼를 낳기 위해 섬이나 해변으로 한꺼번에 올라옵니다. 매년 새끼를 낳을 시기가 되면 섬이나 해변은 암컷, 수컷 바다표범으로 가득합니다. 그곳에서 새끼가 태어나기를 기다립니다. 한 번에 여러 마리 새끼를 낳는 개나 고양이와 달리 바다표범은 한 번에 딱 한 마리만 낳습니다.

새끼가 태어나면 처음 3, 4주 동안은 털이 흰색입니다. 그러다가 털 색깔이 점차 짙어져서 회색바다표범이 되는 것이지요. 갓 태어난 새끼는 처음에는 혼자서 할 수 있는 게 없습니다. 모래나 바위 위에 누워 머리만 겨우 들어 올릴 뿐 아직 스스로 움직일 수 없습니다. 이 시기에 강풍이나 폭풍이 불면 어린 새끼는 큰 위험에 처할 수도 있습니다. 강풍에 큰 파도가 일면 새끼가 바다로 휩쓸려 가 버릴 수도 있기 때문에 어미들은 새끼 옆에서 바다를 가로막고 누워 새끼들을 지켜 줍니다.

새끼들은 엄마 젖을 먹으며 자랍니다. 바다표범의 젖은 소젖보다 지방질이 훨씬 더 풍부합니다. 덕분에 새끼 바다표범은 놀라운 속도로 자랍니다. 매일 몸무게가 자그마치 1.5kg씩 늘어납니다. 새끼를 낳은 후 일주일 정도 되면 어미는 계속 새끼와 함께 있을 수는 없습니다. 내내 아무것도 먹지 못했기 때문에 바다로 나가 물고기를 잡아야 하기 때문이지요. 엄마가 멀어지면 새끼는 애타게 울어댑니다. 그럴 때면 정말 신기한 광경을 볼 수 있습니다. 새끼가 사람처럼 눈물을 흘리는 것입니다. 이렇게 눈물을 흘리는 동물은 바다표범밖에 없습니다. '끼익끼익'거리며 슬피 우는 어린 새끼의 얼굴은 눈물이 줄줄 흘러 눈물범벅이 됩니다. 하지만 조금만 기다리면 엄마가 돌아옵니다. 해변에 있는 수백 마리의 새끼들이 우리 눈에는 모두 똑같아 보이지만 어미는 한 치의 착오도 없이 자기 새끼를 찾아낸답니다.

새끼들은 빠른 속도로 자라기 때문에 얼마 지나지 않아 육지에서 돌아다닐 수 있게 됩니다. 그러면 다른 새끼들과 함께 놀기도 합니다. 새끼들이 가장 즐겨하는 것은 잡기 놀이입니다. 한 마리가 지느러미로 옆에 있는 친구를 툭 치고 재빨리 몸을 튕겨 달아나면 그 친구가 쫓아가서 잡는 놀이입니다. 가끔은 맞붙어서 씨름 같은 것도 합니다. 바위 사이에 있는 웅덩이에서 물을 튀기며 놀기도 합니다. 그런데 회색바다표범 새끼들은 바다에는 들어가지 않습니다. 사실은 바다를 무서워하고 아직 헤엄을 칠 줄도 모릅니다. 큰 파도가 밀려오면 몸을 통통 튕기면서 뒤로 달아나기 바쁘지요. 태어난 지 2주쯤 지나면 어미가 새끼를 바다로 데려갑니다. 새끼는 이 상황이 전혀 달갑지 않습니다. 물에 뜨는 법을 모르거든요. 그래서 처음에는 가라앉지 않도록 어미가 앞지느러미로 새끼를 받쳐 줍니다. 때로는 어미 등에 업혀 있는 친구도 있습니다. 그러나 불과 3, 4일이면 새끼들은 물에 대한 두려움을 극복하고 헤엄을 칠 수 있게 됩니다. 코와 귀를 닫을 수도 있고 잠수할 때 숨을 내쉬는 법도 익히게 됩니다. 그때부터 어린 바다표범은 물속에서 즐거운 시간을 보냅니다. 높은 파도가 오면 파도를 타고 올라갔다가 가파르게 미끄러져 물속으로 들어갑니다. 다음 파도가 오면 또다시 파도 꼭대기까지 올라갔다가 미끄러져 내려옵니다. 물속 깊이 잠수도 하고 서로 엎치락뒤치락 헤엄을 치고 놉니다. 몸을 비틀며 빙글빙글 회전하기도 하고 크게 원을 그리며 앞서거니 뒤서거니 경주도 합니다. 이제 정말로 바다가 집이 된 것입니다.

 ▲▲▲

　회색바다표범의 새끼는 처음에는 바다가 전혀 익숙하지 않으며 헤엄을 치지도 못합니다. 예전에 한 선원이 강풍이 지나간 해변에서 파도에 밀려온 회색바다표범 새끼 한 마리를 발견한 적이 있습니다. 선원은 새끼 바다표범을 들어 물속에 도로 넣어 주었습니다. 그런데 새끼 바다표범이 돌덩이처럼 꼬르르륵 가라앉아 버리지 않겠어요? 놀란 선원은 바다로 풍덩 뛰어들어 바다표범을 얼른 건져 냈습니다. 그 바다표범은 어려서 아직 헤엄을 칠 줄 몰랐던 것입니다. 새끼를 구한 선원은 물고기를 조그맣게 잘라서 먹여 보려고 했습니다. 하지만 바다표범은 생선을 입에 대려고도 하지 않았습니다. 어쩔 수 없이 우유를 젖병에 담아서 주었더니 받아먹었습니다. 이때에도 먼저 젖병 꼭지에 버터를 잔뜩 발라야만 겨우 고무젖꼭지를 물었습니다. 결국 이 바다표범도 나중에는 헤엄치는 법을 터득하긴 했답니다.

　새끼 바다표범이 태어난 지 3주가 되면 태어날 때 15kg이던 무게가 50kg까지 증가합니다. 영양가가 풍부한 모유 덕분에 반들반들 윤이 나고 살이 토실토실 오릅니다. 흰색이던 털은 얼룩덜룩한 회갈색으로 바꼈습니다. 이제는 새끼들도 헤엄을 칠 수 있기 때문에 엄마, 아빠는 새끼들을 떠납니다. 새끼들을 해변에 남겨 두고 먼 바다로 헤엄쳐 나갑니다.

　인간의 경우를 생각해 보세요. 부모가 자녀를 돌보는 기간이 훨씬 더 깁니다. 한두 해 정도가 아니라 10~20년이 걸립니다. 하지만 바다표범은 태어난 지 겨우 3주밖에 안 된 새끼들을 두고 떠납니다. 이때부터 새끼들은 스스로 살아가야 합니다. 아직 어린 새끼들에게는 무척 힘든 시기가 시작된 것이지요. 엄마 젖만 먹고 살아왔는데 이제는 더 이상 엄마 젖을 먹을 수가 없습니다. 일주일 혹은 열흘 동안 어린 새끼들은 아무것도 먹지 못한 채 해변이나 바위에 누워 있습니다. 하지만 이렇게 아무것도 먹지 못하는 상태가 사실은 새끼들에게 좋은 결과를 가져옵니다. 지금까지 먹었던 엄마 젖이 몸속에 양분으로 저장되어 있다가 강하고 튼튼한 근육으로 전환되는 과정을 겪기 때문입니다. 마침내 물속으로 들어가야 할 때가 되면 새끼들의 몸은 아주 튼튼하고 민첩한 상태가 됩니다. 물론 이렇게 튼튼하고 빠른 몸으로 새끼들은 스스로 물고기를 잡아먹으며 살아갈 수 있게 되지요.

　　새끼들은 어린 시절을 보낸 바닷가나 섬을 떠나게 되면(아직 한 살이 채 되지 않은 새끼들을 말합니다) 수백 킬로미터나 되는 엄청난 거리를 헤엄칩니다. 스코틀랜드 해변에서 출발한 바다표범이 스페인이나 노르웨이까지 가기도 합니다. 몇 주 혹은 몇 달이 지나도록 해안으로 가지 않고, 바다에서 먹고 바다에서 잠을 잡니다. 이렇게 헤엄치며 떠돌아다니는 생활은 일 년 중 가장 추운 때인 12월, 1월, 2월을 지나 봄이 올 때까지 계속 이어집니다. 6개월쯤 지난 후 바다표범은 자신이 태어난 곳으로 되돌아옵니다. 이 어린 바다표범들이 어떻게 수백 킬로미터가 넘는 길을 제대로 찾아오는지 아무도 모릅니다. 정말로 바다표범은 그 먼 길을 돌아옵니다. 날씨가 따뜻해지고 화창해지면 자신이 태어난 해변과 바위 위에 줄지어 누워 있는 바다표범들을 볼 수 있습니다.

　　지금까지는 회색바다표범이 태어났을 때부터 1살 무렵까지의 이야기였습니다. 갈색바다표범의 경우는 조금 다릅니다. 갈색바다표범은 육지에서 태어날 때도 있지만 물속에서 태어나는 경우가 더 많습니다. 그리고 태어난 바로 그날부터 헤엄을 칠 수 있습니다. 어미가 물속에서 젖을 먹여도 새끼들은 전혀 개의치 않습니다. 태어난 바로 그날부터 어미는 새끼를 데리고 물속에서 놉니다. 어미가 앞지느러미로 새끼를 잡고 물속으로 풍덩 들어갑니다. 거친 물살과 큰 파도가 밀려올 때면 새끼가 뚫고 나갈 수 있도록 도와줍니다. 해안가로 올라갈 때도 어미가 도와줍니다. 새끼의 지느러미는 아직 자기 몸을 밀고 나갈 만큼 힘이 붙지 않았기 때문입니다. 갈색바다표범 새끼들은 젖먹이 시절의 대부분을 물속에서 보냅니다. 태어난 지 3, 4주가 지나면 회색바다표범과 마찬가지로 어미가 떠나며 그 후에는 새끼들 스스로 살아 나갑니다.

로웨나와 새끼 바다표범

우리는 지금까지 스코틀랜드 해안가에 사는 회색바다표범과 갈색바다표범의 새끼를 살펴보았습니다. 이 야생 바다 동물에게는 흥미로운 점이 있습니다. 아주 어릴 때 인간과 생활하게 되면 인간에게 애착을 가지게 된다는 것입니다. 강아지처럼 인간을 좋아하고 따를 수 있다는 것이지요. 이제 한 갈색바다표범 이야기를 들려주겠습니다.(갈색바다표범은 아주 영리할 뿐 아니라 회색바다표범보다 인간을 더 잘 따릅니다)

스코틀랜드에 사는 로웨나 파르가 새끼 갈색바다표범과 함께 살게 된 이야기입니다. 로웨나는 서덜랜드의 작은 농장에서 숙모와 함께 살고 있었습니다. 로웨나는 동물을 무척 좋아해서 이미 해달 두 마리와 다람쥐 두 마리를 키우고 있었습니다. 어느 날 친구들을 만나러 해브리디스 제도의 섬으로 가게 되었습니다. 거기서 어떤 어부가 작은 털 뭉치 같은 것을 팔에 안고 있는 것을 보았습니다. 알고 보니 강풍에 해안으로 떠밀려 온 새끼 바다표범이었습니다. 로웨나가 키우고 싶다고 하자 어부는 기꺼이 바다표범을 로웨나에게 건네주었습니다. 이렇게 로웨나는 새끼 바다표범과 함께 살게 되었습니다.

맨 처음 맞닥뜨린 문제는 바다표범에게 무엇을, 어떻게 먹여야 하는지였지요. 주변 사람들이 따뜻한 우유에 식용유를 섞어 먹여 보라고 했습니다. 식용유를 섞으면 어미 바다표범의 젖처럼 지방이 풍부해진다는 것입니다. 새끼 바다표범은 첫날부터 우유병에 잘 적응하더니 우유를 곧잘 받아먹었습니다. 며칠 후 서덜랜드의 농장으로 돌아올 때 로웨나는 무려 15kg이나 나가는 커다란 바구니 하나를 들고 왔습니다. 그새 그만큼 자란 새끼 바다표범이었지요. 로웨나는 벌써 이름도 지어 주었습니다. 로라라고 말입니다.

로라를 키우는 건 쉬운 일이 아니었습니다. 로라는 로웨나를 엄마로 여기고 따랐습니다.(어쨌든 로웨나가 우유를 먹여 키웠으니 그렇게 여길 만도 하지요) 로웨나가 다른 일을 하느라 자기에게 온 관심을 기울이지 못할 때면 로라는 새끼 바다표범 특유의 울음소리를 내며 눈물을 뚝뚝 흘렸습니다. 로라를 처음 데리고 왔을 때 로웨나는 로라를 자기 무릎에 올려놓고 우유를 먹였습니다. 로라가 겨우 15kg일 때는 괜찮았습니다. 그런데 로라의 덩치가 점점 커지면서 몸무게가 50kg에 육박하자 도저히 감당할 수가 없었습니다. 로라는 여전히 로웨나의 무릎에 앉으려 했지만 로웨나가 받아 주지 않자 큰 소리로 컹컹 짖어댔습니다.

이제 돌아다닐 만큼 튼튼해진 로라는 로웨나가 가는 곳은 어디든지 뒤뚱거리며 따라다녔습니다. 로웨나는 멀리까지 산책하는 것을 좋아했습니다. 그럴 때마다 로라도 같이 나서 보지만 로웨나의 빠른 걸음을 따라갈 수가 없었습니다. 로라는 뒤에 쳐질 때마다 멀찍이 앞서가는 로웨나를 애타게 부르는 듯 짖었습니다. 결국 로웨나는 로라가 혼자서도 잘 지낼 수 있는 방법을 찾아야겠다고 생각했습니다. 가까운 곳에 육지로 둘러싸인 바다가 있었습니다. 어느 날 로웨나는 로라를 그 바다로 데려가서 작은 보트에 태우고 노를 저어 나가서는 로라를 물속에 넣어 주었습니다. 다행히 회색바다표범이 아니라 갈색바다표범이었던 로라는 물에 들어가자마자 금방 적응했습니다. 물속으로 풍덩 뛰어들거나 몸을 틀며 물 밖으로 뛰어오르기도 하고 빠른 속도로 보트 주변을 빙빙 돌았습니다.

그때부터 로라는 매일 바다에 갔습니다. 그곳은 바다가 육지 안으로 굽어 들어와 얼핏 보면 작은 호수처럼 생겼습니다. 로라는 그곳에서 매일 즐겁게 놀고 스스로 물고기도 잡아먹었습니다. 그래도 여전히 집에서 먹는 간식도 좋아했지요. 우유에 적신 개 비스킷, 익히지 않은 당근, 오트밀 죽, 그리고 가끔 특별식으로 정어리 통조림에서 나오는 기름을 즐겼습니다. 로라가 바다에 헤엄치러 갈 때는 로웨나가 키우던 해달 두 마리도 같이 갔습니다. 로라와 해달은 이리저리 헤엄을 치고 물속으로 풍덩 곤두박질치기도 하며 즐겁게 놀았습니다. 그렇게 놀다가도 로웨나가 "로라"하고 부르면 로라는 즉시 물 밖으로 나왔습니다. 잘 훈련된 강아지처럼 말이죠. 로라는 또한 호수에서 돌아왔을 때 몸이 홀딱 젖은 상태로 거실로 들어가면 안 된다는 것도 배웠습니다. 출입구 쪽에 있는 기다란 선반에 오래된 방수포가 있는데, 로라는 그것을 끌고 와서는 그 위에 앉아서 몸을 말렸습니다. 그리고 몸이 다 마르면 거실로 들여보내 달라고 짖었습니다.

이렇게 잘 길든 면도 있었지만 도무지 말을 듣지 않을 때도 있었습니다. 어느 날은 식탁보를 이로 물고 홱 잡아당기는 바람에 접시, 컵 등 식기가 무더기로 바닥에 떨어진 적도 있습니다. 그러면서도 로라는 도움이 되는 일도 하고 싶어 했습니다. 우체부 아저씨를 알아볼 수 있게 된 로라는 우체부 아저씨가 집으로 오는 것을 볼 때면 뒤뚱대며 걸어 나가 입으로 우편물을 받아서는 집으로 가져왔습니다. 한번은 편지 뭉치를 입에 물고서 곧바로 물속으로 뛰어든 적도 있었습니다. 그 편지가 어떻게 되었을지 짐작할 수 있겠지요?

▲▲▲

로웨나는 반려동물들과 지낸 경험을 바탕으로 『로라의 아침Seal Morning』(Hutchinson 1957)이라는 책을 썼습니다. 이 책을 읽어 보면 로라의 이야기를 더 많이 만날 수 있습니다.

바닷가에 살면서 바다표범을 잘 알고 있는 사람들은 바다표범이 음악과 노래에 끌리는 것 같다고 합니다. 로라의 경우를 보면 확실히 그 말이 맞습니다. 로웨나의 농장에는 피아노가 한 대 있었는데, 로웨나가 피아노 앞에 앉아 연주를 하더라도 다른 동물들은 아무런 관심이 없었습니다. 하지만 로라는 달랐습니다. 로웨나가 연주를 시작하면 옆으로 와서는 피아노 다리나 로웨나의 다리에 기댄 채 꼼짝도 하지 않고 음악에 푹 빠져들었습니다. 기쁨으로 가득 찬 표정을 지으며 피아노 선율에 맞춰 흔들흔들 몸을 움직이기도 했습니다.

피아노 연주까지는 괜찮았습니다. 어느 날 로웨나가 피아노에 맞춰 노래를 불렀습니다. 그런데 노래를 시작하자마자 로라가 옆에서 "끄엉끄엉" 앓는 듯한 소리를 내기 시작했습니다. 로라의 방해에도 불구하고 로웨나는 노래를 중단하지 않았고 로라 역시 자신만의 노래를 계속 불렀습니다. 당연히 로라의 노랫소리가 훨씬 더 컸겠지요. 로라는 으르렁거리기도 하고 야옹거리기도 하면서 노래를 이어갔는데, 그 소리가 어찌나 큰지 로웨나는 자기 노래가 하나도 들리지 않았습니다. 어쩔 수 없이 로웨나는 노래 부르는 걸 포기하고 피아노만 쳤습니다. 이제 로라는 자기 노래에 푹 빠진 듯했습니다. 피아노 선율에 맞춰 큰 소리로 신나게 노래를 불렀습니다. 로라의 노래는 선율이라 할 것이 없고 으르렁거리거나 울부짖는 소리에 지나지 않았습니다. 하지만 로웨나와 수없이 연습을 거듭한 끝에 '반짝반짝 작은 별'■과 비슷한 곡조를 부를 수 있게 되었습니다.

한번은 로웨나가 하모니카를 연주하고 있었습니다. 이번에도 로라는 로웨나가 연주를 하도록 내버려 두지 않고 성가시게 괴롭혔습니다. 결국 로웨나는 로라의 입에 하모니카를 물려 줄 수밖에 없었지요. 로라는 하모니카에 바람을 넣었다 뺐다 했지만 그냥 하모니카 소음만 날 뿐이었습니다. 그래도 로라는 신이 나서 계속 불어댔습니다. 로라가 하모니카를 놓으려 하지 않았기 때문에 하모니카를 입에서 빼느라 한참 실랑이를 했습니다. 이런 로라에게 가장 크게 영향을 미친 악기는 대나무 피리였습니다. 로라는 집 밖에서 수달과 어울려 즐겁게 놀다가도 대나무 피리 소리가 나면 즉시 집 안으로 들어와 가만히 앉아 있었습니다. 대나무 피리에 맞춰서 노래를 부르지도 않고 그저 조용히 귀를 기울였습니다. 꿈을 꾸는 듯 먼 곳을 응시하면서 말이지요. 마치 대나무 피리 소리에 홀린 듯했습니다. 바다표범이 모두 대나무 피리 소리를 좋아하는지 알아보는 것도 흥미로울 것입니다.

로라와 음악에 관한 이야기를 하나 더 들려 드리겠습니다. 사람들 사

■ 옮긴이_ 원문의 노래는 'ba-ba black sheep'으로, 우리가 알 수 있는 비슷한 선율의 노래로 바꿨다.

이에 노래하는 바다표범 이야기가 점차 알려지게 되었습니다. 마침 에버딘에서 열리는 '케일리 페스티벌'이 다가오자 사람들은 로웨나와 로라를 초대했습니다. 케일리 페스티벌은 음악과 춤, 노래가 함께 어우러지는 축제였습니다. 주최 측에서는 음악회가 열리는 저녁에 가수와 연주자들의 무대가 끝난 뒤 로라가 나와서 그 유명한 '반짝반짝 작은 별'을 부르면 재미있겠다고 생각했습니다. 로웨나는 로라와 함께 에버딘으로 가서 케일리 축제에 참석했습니다. 첫 번째 순서로 여자 가수가 나왔습니다. 그 여가수는 노래를 시작했지만 첫 소절도 끝마칠 수 없었습니다. 가수가 노래를 시작하기 무섭게 로라가 '반짝반짝 작은 별'을 부르기 시작한 것이지요. 생전 처음 보는 신기한 광경에 청중들은 손뼉을 치며 한바탕 웃음을 터뜨렸습니다. 당황한 로웨나는 로라를 데리고 연주회장을 빠져나왔습니다. 하지만 로라가 울부짖고 야단법석을 떠는 바람에 결국은 축제가 열리는 홀로 로라를 다시 데려갈 수밖에 없었습니다. 일단 로라가 등장하자 가수와 아코디언 연주자, 바이올린 연주자 등 모든 연주자가 공연을 포기할 수밖에 없었습니다. 노래를 부르기 시작한 로라를 중단시킬 방도가 없었거든요. 결국 그날 저녁을 통틀어 음악 공연은 하나밖에 없었습니다. 바로 로라의 노래였지요.

로라는 7년 동안 로웨나와 함께 살았습니다. 그러던 어느 날 로라는 바다에 놀러 나갔다가 다시 돌아오지 않았습니다. 로라에게 무슨 일이 있었는지 아무도 모릅니다. 하지만 로웨나는 자신의 친구인 로라를 결코 잊지 않을 것입니다. 로웨나의 『로라의 아침』을 읽은 독자들 역시 두고두고 로라를 기억하겠지요.

달팽이 04

    우리는 지난 시간에 몸통-동물인 바다표범에 대해 배웠습니다. 이번에 살펴볼 동물은 머리-동물입니다. 이 동물은 갑오징어와 같은 머리-동물이지만 갑오징어와는 확연히 다릅니다. 우선 인간의 머리를 다시 떠올려 볼게요. 우리 머리에는 눈, 귀, 코, 입만 있지 않습니다. 그 위쪽으로 둥근 부분이 있는데 바로 두개골입니다. 두개골은 아주 단단한 뼈로 이루어져 있고 그 단단한 뼈 안에 말랑한 뇌가 있습니다. 이 뇌는 두개골 안에 놓여 있지 않고 떠 있습니다. 물 같은 것이 뇌 주위를 감싸고 있기 때문입니다. 물의 양이 많지는 않지만 뇌가 떠 있을 정도는 됩니다.

    이런 뇌와 비슷하게 생긴 동물이 있습니다. (두개골처럼) 바깥은 단단하고 안쪽은 부드럽습니다. 안쪽에 있는 이 부드러운 것이 물 같은 액체 위에 떠 있습니다. 굴과 같은 조개류가 그런 동물입니다. 하지만 오늘 우리가 배울 동물은 조개류가 아니라 조개의 사촌쯤 되는 친척입니다. 바로 달팽이랍니다. 달팽이도 머리-동물입니다. 머리 중에서도 윗부분인 두개골과 뇌를 닮은 동물입니다. 달팽이의 집은 두개골과 같고 부드러운 몸은 두개골 안에 있는 뇌와 같습니다. 달팽이는 바다에 사는 사촌뻘인 조개류만큼 아름답지는 않습니다. 어떤 조개껍데기는 모양도 예쁘고 색깔도 너무나 아름답습니다. 특히 아프리카같이 더운 나라의 해변에서 그런 아름다운 조개를 많이 볼 수 있습니다. 우리가 흔히 보는 달팽이는 그런 조개처럼 아름다운 껍데기는 없지만 다른 경이로움이 있습니다.

　　달팽이에게는 경이로운 점이 여덟 개, 즉 여덟 가지의 비밀이 있습니다. 첫 번째 비밀은 당연히 달팽이의 껍데기입니다. 이 껍데기는 일종의 집입니다. 스스로 만든 그 집에 달팽이는 원할 때 언제든지 곧바로 들어갈 수 있습니다. 하지만 돌아다닐 때는 배낭을 메듯이 집을 등에 짊어지고 다녀야 합니다. 몸이 집에 단단히 붙어 있기 때문이지요.

　　달팽이 집의 진짜 비밀은 집을 짓는 방식에 있습니다. 달팽이가 더 이상 살지 않는 빈 껍데기를 가져다 예리한 톱으로 반을 잘라 보면 그 비밀을 알 수 있습니다. 달팽이 집의 내부는 꼭대기로 갈수록 점점 좁아지는 나선형 계단 모양으로 되어 있습니다. 이것이 비밀입니다. 달팽이가 새끼일 때 꼭대기에서 시작한 작은 나선이 자라면서 점점 더 넓어진 것입니다. 우리 인간은 아무리 정교한 건축가라도 달팽이만큼 정교한 나선을 만들어 낼 수 없습니다. 우리는 농업 시간에 석회라고 하는 하얀 암석을 배웠습니다. 그 석회로 건축용 시멘트를 만듭니다. 달팽이도 석회로 자기 집을 짓습니다. 그래서 달팽이는 석회질이 조금이라도 포함된 토양에서만 살 수 있습니다. 달팽이는 석회를 삼킨 다음 나선형 집에 새로 덧대어야 할 곳에 석회를 뱉어 냅니다. 땅속에 석회가 없으면 석회석으로 만든 담벼락을 기어올라가 거기 있는 석회를 갉아먹습니다. 달팽이의 집, 매우 규칙적인 나선형 석회 집, 이것이 달팽이의 첫 번째 비밀입니다.

두 번째 비밀은 달팽이가 이동하는 방식입니다. 달팽이는 다리나 발이 따로 없고 몸 전체가 발이라고 할 수 있습니다. 하지만 달팽이의 몸은 발보다는 혀와 더 닮았습니다. 그래서 혀로 기어다닌다고 말할 수도 있습니다. 정원에 있는 달팽이만 보면 달팽이가 어떻게 기어다니는지 도무지 알기 어렵습니다. 유리판 위에 달팽이를 올려놓고 그 밑에서 한번 보세요. 몸의 바닥 부분이 물결치듯 움직이며 애벌레처럼 꼬물꼬물 나아갑니다. 그런데 이때 달팽이는 번들거리는 액체를 분비해 그 위에서 헤엄치듯 움직입니다. 이 점액질의 액체로 인해 달팽이가 지나간 자리에는 반짝거리는 자국이 남습니다. 그러니까 달팽이는 사실 땅을 딛고 다니는 게 아니라 액체 위에서 물결치며 미끄러지는 것이지요. 물론 인간의 뇌가 그런 식으로 움직이지는 않지만 액체가 떠받치고 있다는 점은 마찬가지입니다. 액체 위에서 물결치며 이동하는 것. 이것이 바로 달팽이의 두 번째 비밀입니다.

세 번째 비밀은 다시 달팽이의 집과 관련이 있습니다. 우리 인간은 집으로 들어갈 수도 있고 또 집에서 나갈 수도 있습니다. 집으로 들어가 위험을 피하기도 하고 편안히 쉬었다가 다음 날이 되면 다시 세상으로 나갈 준비를 하지요. 달팽이 역시 자기 집을 보호막으로 삼기 때문에 위험이 다가오면 재빨리 껍데기 속으로 쏙 들어가 숨어 버립니다. 그런데 우리처럼 달팽이도 먹을 것을 찾고 새로운 곳을 탐험하기 위해서는 세상으로 나아가야 합니다. 하지만 달팽이는 집을 두고 완전히 나가지 않습니다. 달팽이는 주로 밤에 이동합니다. 매우 날렵하게 움직일 수 있습니다. 맛있는 식물을 보면 꼭대기까지 금방 기어 올라가고 심지어 커다란 나무에 오를 때도 있습니다. 하지만 달팽이는 언제나 자기 집을 가지고 다니며 껍데기를 완전히 벗어나지 않습니다. 아주 바쁠 때도 마찬가지입니다. 멀리 돌아다니거나 어디를 기어오르거나 먹이를 먹거나 혹은 다른 달팽이를 만나는 등 이런저런 일로 분주할 때도 어쩌다 껍데기를 떨어뜨리거나 잃어버릴 위험이 전혀 없습니다. 그 비밀은 바로 이것입니다. 집 안쪽으로 자기 몸을 껍데기와 단단히 고정시키는 질긴 근육이 있습니다. 이 근육은 달팽이가 먹이를 소화시키는 부위 즉 배 근처에 있는데 근육 전체가 나선형으로 돌돌 감겨 있습니다. 꼭 달팽이의 껍데기처럼 말입니다. 그런 까닭에 달팽이가 몸을 껍데기 밖으로 쑥 빼더라도 배는 항상 껍데기 안쪽에 있습니다. 배 가까이에 있는 그 근육이 껍데기에 꼭 붙어 있기 때문입니다. 어떤 경우에도 말이지요.

▲▲▲

　　지금까지 우리는 달팽이의 비밀 세 가지를 살펴봤습니다. 첫 번째 비밀은 달팽이의 집이었습니다. 달팽이의 집은 아름다운 나선 모양의 계단처럼 지어졌습니다. 두 번째 비밀은 달팽이의 움직임입니다. 달팽이는 사실 수영을 하며 다닌다고 할 수 있습니다. 액체를 분비하고 그 위에서 몸이 물결치듯 헤엄칩니다. 이런 이유로 달팽이는 아주 덥고 건조한 날에는 돌아다니지 않습니다. 그늘에 머무릅니다. 그런 날에 움직였다가는 몸 안에 있는 액체를 다 써 버리고 마실 물을 찾지 못해 낭패를 당할 수도 있으니까요. 세 번째 비밀은 달팽이 몸의 한 부분이 달팽이 집에 붙어서 자란다는 것입니다. 바로 배 근처에 있는 근육입니다.

달팽이의 다음 비밀은 눈입니다. 달팽이의 눈은 눈구멍 속에 들어 있지 않습니다. 두 개의 기다란 뿔 혹은 자루 같이 생긴 것의 끝에 달려 있습니다. 물론 그것은 뿔이 아니라 부드러운 더듬이입니다. 달팽이의 눈은 이 기다란 더듬이 끝에 달려 있습니다. 달팽이는 눈을 이리저리 자유자재로 움직일 수 있으며 심지어 뒤에 있는 것도 볼 수 있습니다. 달팽이 눈의 신기한 점은 그뿐만이 아닙니다. 장갑을 벗을 때 장갑의 손가락이 안팎으로 뒤집히는 것처럼 달팽이는 자기 눈을 그렇게 뒤집을 수 있습니다. 달팽이를 톡 건드리면 달팽이는 더듬이를 몸 안으로 쏙 말아 넣습니다. 마치 장갑의 손가락 부분이 안으로 밀려 넣어지는 것처럼 말이지요.

다섯 번째 비밀은 달팽이가 축축하고 차갑기 때문에 예상하기 힘든 부분입니다. 달팽이는 따뜻한 것을 좋아합니다. 그렇다고 너무 건조해도 안 됩니다. 달팽이는 비나 물 만큼이나 온기도 필요합니다. 그러면 겨울에는 어떻게 할까요? 달팽이는 잘 숨어 있을 만한 곳을 찾아 자리 잡은 다음 자기 집 즉 껍데기 속으로 쏙 들어갑니다. 그러고는 점액으로 뚜껑같이 생긴 문을 만들어 잘 말립니다. 그것으로 커다란 입구를 막습니다. 그렇습니다. 달팽이는 자기 집을 완전히 밀봉할 수 있습니다. 어찌나 단단히 막는지 겨울의 냉기가 조금도 파고들지 못합니다. 이렇게 달팽이는 추운 겨울 몇 달 동안 그 조그만 집 안에서 따뜻하고 편안하게 잠을 잡니다.

물론 달팽이도 숨을 쉽니다. 그렇기 때문에 공기가 필요하지요. 하지만 달팽이의 호흡은 인간과 다릅니다. 달팽이는 숨을 들이쉬고 내쉬는 코가 없습니다. 그렇다고 입으로 숨을 쉬는 것도 아닙니다. 이것이 달팽이의 여섯 번째 비밀입니다. 달팽이에게는 아주 특별한 구멍이 하나 있습니다. 달팽이의 껍데기가 시작되는 부분 안쪽에 아주 작은 구멍이 있는데, 이것이 바로 달팽이의 특별한 숨구멍입니다. 그러나 달팽이는 우리처럼 이 구멍으로 공기를 들이마시거나 내쉬지는 않습니다. 그건 그냥 구멍일 뿐이라서 공기가 그 구멍으로 저절로 드나듭니다. 만약 달팽이가 매우 빨리 움직이려 한다면 이런 식으로는 충분한 공기를 얻을 수 없을 것입니다.(우리가 달릴 때 얼마나 숨을 헐떡거리며 공기를 들이쉬는지 생각해 보세요) 그렇지만 달팽이는 결코 빠른 속도로 움직이지 않기 때문에 이렇게 드나드는 적은 공기만으로 충분합니다.

이제 우리는 달팽이의 비밀 여섯 가지를 알게 되었습니다. 나선형 집, 달팽이의 움직임, 껍데기에 딱 붙어 있는 몸, 달팽이의 눈, 온기(겨울에 껍데기를 막아 주는 문), 그리고 호흡. 다음으로 일곱 번째 비밀은 달팽이의 혀입니다. 달팽이의 혀에는 수천 개의 치설이 오돌토돌 줄지어 박혀 있습니다. 달팽이가 잎사귀를 먹을 때는 이 거친 혀로 잎사귀를 쓸어 잘게 조각을 냅니다.

마지막으로 여덟 번째 비밀은 달팽이가 알을 낳는다는 것입니다. 달팽이는 아무 데나 알을 낳지 않습니다. 개똥지빠귀 같은 새들이 달팽이알을 날름 먹어 버리기 때문입니다. 달팽이알은 매우 작을 뿐 아니라 달걀처럼 단단한 껍데기도 없습니다. 조금 두꺼운 껍질이 둘러싸고 있을 뿐입니다. 달팽이는 알을 보호하기 위해 15cm 깊이의 구멍을 파고 그 안에 알을 낳습니다. 달팽이 몸에는 단단한 부분이 없기 때문에 부드러운 배 뒷부분으로 땅을 팝니다. 부드러운 꽁무니로 흙을 퍼내어 15cm 깊이의 구멍을 만드는 데는 몇 시간이 걸립니다. 그 구멍에 60개 가량 알을 낳은 다음 흙으로 잘 덮어 줍니다. 그러고 나면 알을 그냥 내버려 두고 더 이상 신경 쓰지 않습니다. 한 달이 지나면 작은 새끼들이 알에서 나옵니다. 새끼들은 천천히 나선형 집을 지으며 스스로 살아갑니다.

달팽이 한 마리가 60개의 알을 낳습니다. 조만간 그 알에서 깨어난 새끼들이 전부 60개의 알을 또 낳습니다. 이런 식으로 계속된다면 지구는 금방 달팽이로 뒤덮이고 말 것입니다. 그러나 자연에 깃든 지혜는 달팽이가 지나치게 많아지지 않도록 합니다. 새들은 달팽이를 잡아먹습니다.(개똥지빠귀, 찌르레기 특히 대륙검은지빠귀가 달팽이를 좋아합니다) 대륙검은지빠귀가 껍데기째 달팽이를 낚아채면 달팽이는 몸을 움츠려 껍데기 안으로 쏙 들어갑니다. 하지만 대륙검은지빠귀는 달팽이를 돌에 던져 껍데기를 깹니다. 그런 다음 안에 있는 달팽이를 먹어 버립니다. 불쌍하긴 하지만, 그렇지 않으면 달팽이가 너무 많아져서 세상에는 초록 잎이 남아나지 않을 것입니다. 대륙검은지빠귀와 찌르레기가 달팽이를 잡아먹어 달팽이가 지나치게 많아지지 않는 것은 다행스러운 일입니다. 위대한 자연의 지혜, 신이 자연에 불어넣은 지혜는 특정한 동물이 지나치게 많아지지 않게 합니다.

　지금까지 달팽이의 여덟 가지 비밀을 배웠습니다. 첫 번째 비밀은 집입니다. 이렇게 아름다운 나선형을 만드는 걸 보면 달팽이에게는 분명 뛰어난 지혜가 있습니다. 그러나 달팽이는 나선형 집을 만드는데 자기가 지닌 모든 지혜를 써 버려서 다른 곳에 쓸 지혜가 남아 있지 않습니다. 그렇기 때문에 로웨나가 로라를 가르친 것처럼 달팽이를 훈련시키거나 가르칠 수는 없습니다. 달팽이에게는 멋진 집을 지을 수 있는 지혜가 있지만 그 지혜를 다른 곳에다 쓰지는 못합니다.

　달팽이의 사촌 격인 바다에 사는 조개류도 마찬가지입니다. 진주조개를 예로 들어 보겠습니다. 진주조개의 껍질 안쪽을 보면 진줏빛으로 반짝이는 아름다운 부분이 있습니다. 그것을 자개라고 합니다. 어떤 예술가도 그렇게 아름다운 색을 만들 수 없습니다. 하지만 진주조개는 이 아름다운 색을 만드는 데 모든 지혜를 다 써 버렸습니다. 그래서 다른 일에 쓸 지혜가 남아 있지 않습니다. 만약 진주조개가 껍질 안의 진줏빛을 만드는 데 모든 지혜를 써 버리지 않았다면 어쩌면 우리보다 훨씬 지혜로웠을지도 모릅니다. 달팽이 역시 아름다운 나선형 집을 짓는 데 모든 지혜를 사용하지 않았다면 우리보다 훨씬 더 똑똑했을지도 모르지요.

멧밭쥐 **05**

　　우리는 지금까지 머리-동물인 갑오징어, 몸통-동물인 바다표범에 대해 그리고 또 다른 머리-동물인 달팽이의 여덟 가지 비밀에 대해 배웠습니다. 이제 여러분에게 몸통-동물을 하나 더 소개하겠습니다. 이 동물은 같은 몸통-동물인 바다표범과는 완전히 딴판입니다. 바다표범은 몸집이 아주 큰 동물입니다. 바다표범은 태어난 지 4주가 지나면 몸무게가 10살짜리 아이의 두 배나 된다는 것을 기억할 것입니다. 지금 살펴볼 동물은 어찌나 작고 가벼운지 종이 한 장 무게도 안 됩니다. 몸무게가 5~6g 정도입니다. 크기로 말할 것 같으면 길이가 겨우 6cm밖에 안 되지요. 곤충이나 작은 새라 생각할 수도 있으나 이 동물은 개나 고양이 같은 포유류입니다. 영국에서 가장 작은 설치류라고 할 수 있습니다.(이보다 더 작은 설치류는 피그미뒤쥐가 유일합니다) 그런데 이 동물은 몸통-동물입니다. 여러분이 이 동물을 보면 몸통이 몸의 주된 부분이라는 것을 금방 알 수 있습니다. 머리는 몸통을 연장한 것처럼 생겼고 사지도 매우 작습니다.

6cm 길이에 무게는 겨우 5~6g에 불과한 이 작은 동물은 멧밭쥐라고 하는 아주 특별한 종류의 쥐입니다. 멧밭쥐는 스코틀랜드에서는 보기 힘들지만 잉글랜드에는 아주 많습니다. 수확 철에 잉글랜드 남부의 옥수수밭 옆을 지나간다고 상상해 보세요. 산들바람이 불어오고 잘 익은 밀이 바람에 살랑살랑 흔들리고 있지요. 주의 깊게 관찰해 보면 옥수숫대 하나가 다른 것보다 유독 많이 흔들리는 것을 알아차릴 수 있습니다. 조금 더 가까이 가서 살펴볼까요? 무엇이 보이나요? 자그마한 털 뭉치 같은 것이 줄기를 타고 올라가 줄기 끝에 달린 잘 익은 밀 이삭을 한입 베어 물 참입니다. 이 작은 털 뭉치가 바로 멧밭쥐입니다.

멧밭쥐는 한자리에 오래 머물지 않기 때문에 관찰하기가 쉽지 않습니다. 하지만 잠깐 본 것만으로도 제법 많은 것을 알 수 있습니다. 멧밭쥐의 털은 적갈색이지만 오렌지색에 가까운 것도 많습니다. 배는 대부분 흰색입니다. 귀는 짧은 편인데, 집 주변에서 흔히 볼 수 있는 일반적인 쥐의 귀보다 훨씬 짧습니다. 기다란 꼬리는 몸길이만큼 길고 털이 없습니다. 재미있는 점은 멧밭쥐가 옥수숫대를 타고 오를 때 자기 꼬리를 팔이나 다리처럼 사용한다는 것입니다. 꼬리 끝으로 줄기를 감고 올라가는 모습은 마치 원숭이 같습니다. 멧밭쥐 무리가 옥수수밭에서 놀고 있는 것을 지켜보면 원숭이들이 나무 위에서 노는 것과 비슷합니다. 조그만 멧밭쥐에게는 줄기 하나가 커다란 나무만큼 높고 옥수수밭은 거대한 숲으로 느껴질 것입니다. 멧밭쥐들은 옥수수 줄기를 기어오르고 이 줄기에서 저 줄기로 그네를 타듯 옮겨 가며 놉니다. 줄기 사이를 훌쩍 건너뛰기도 하지요. 멧밭쥐는 꼬리를 많이 쓰기 때문에 꼬리를 잘 관리하고 늘 깨끗하게 유지합니다. 가끔 작은 쥐 한 마리가 옥수수 줄기 끝에 달린 이삭 위에 앉아 있는 것을 본 적이 있을 거예요. 자세히 들여다보면 뒷다리로 웅크리고 앉아 앞다리로 꼬리를 잡고는 혀와 발로 열심히 꼬리를 닦고 있지요. 그러면서도 옥수숫대 꼭대기에서 균형을 잘 잡고 있는 걸 보면 참 놀랍습니다.

멧밭쥐는 들판에 사는 동물 가운데 가장 귀엽고 재미있는 동물입니다. 이런 멧밭쥐를 지켜보는 일은 즐겁지만 오래 지켜보기는 쉽지 않습니다. 멧밭쥐를 노리는 천적이 많기 때문에 커다란 형체가 조금만 가까이 가도 즉시 달아나 버리거든요.

멧밭쥐도 귀여운 반려동물이 될 수 있습니다. 단, 제대로 된 집을 마련해 주고 여러 마리를 같이 키워야 합니다. 이 조그만 쥐는 사회적인 동물이라 무리 지어 사는 것을 좋아합니다. 혼자 있는 것을 싫어하지요. 앞면과 양 옆면이 유리로 된 커다란 상자는 멧밭쥐가 지내기에 가장 좋은 집입니다. 햇빛이 잘 들어야 멧밭쥐가 충분히 빛을 받을 수 있기 때문입니다. 바닥에는 모래를 두껍게 깔고 그 위에 옥수숫대 몇 개를 꽂아 두세요. 그러면 얼마 안 있어 멧밭쥐들이 서커스에서나 볼 법한 신나는 곡예를 선보일 것입니다. 멧밭쥐는 작고 사랑스러운 동물입니다. 생기가 넘치고 재빠른 멧밭쥐는 느릿느릿한 달팽이와는 완전히 딴판이지요. 멧밭쥐는 금방 길들어 여러분이 먹이를 주면 가까이 다가와 받아먹을 것입니다.

▲▲▲

멧밭쥐에게는 그렇게 작은 두뇌를 가진 쪼그마한 동물이 했다고는 믿기 어려울 정도로 영리한 면이 하나 있습니다. 멧밭쥐는 훌륭한 곡예사입니다. 옥수숫대를 재빨리 기어오르고 그네처럼 타기도 하고 줄기 사이를 훌쩍 건너뛰는 등 멋진 재주를 부립니다. 그런데 그보다 더 놀라운 것은 멧밭쥐가 둥지를 짓는다는 사실입니다. 멧밭쥐는 새처럼 알을 낳지 않고 개나 고양이와 마찬가지로 새끼를 낳습니다. 그럼에도 불구하고 새처럼 둥지를 만듭니다. 멧밭쥐가 만든 둥지는 새 둥지만큼 훌륭합니다. 어쩌면 그보다 더 나을 수도 있습니다.

둥지는 풀잎이나 밀잎으로 만듭니다. 멧밭쥐는 풀잎이나 밀잎을 아주 정교하게 엮어 폭이 8~10㎝ 정도 되는 동그란 공을 만듭니다. 거의 완벽한 구입니다. 풀잎을 어찌나 촘촘하게 잘 엮었는지 속이 빈 공처럼 생긴 이 둥지는 바닥에 굴려도 풀어지거나 부서지지 않습니다. 이렇게 튼튼하고 촘촘한 둥지를 어떻게 만들까요. 멧밭쥐는 옥수숫대를 버팀목으로 삼고 풀잎 줄기를 가져다가 찢어서 서로 엮습니다. 둥지 하나를 짓는 데 백여 개의 풀잎 줄기가 사용됩니다. 이렇게 만들어진 작은 공은 두세 개의 옥수숫대 사이에 매달려 있습니다. 땅에서부터 30㎝ 정도 떠 있지요. 작은 쥐가 독특한 방식으로 만든 이 둥지는 달팽이 껍데기만큼이나 경이롭습니다.

　새끼들이 태어나면 2, 3주 동안 이 둥지에서 양육됩니다. 새끼는 보통 한 번에 대여섯 마리가 태어나며 어미 쥐의 젖을 먹고 자랍니다. 어미 쥐는 이 둥지 안에서 새끼들에게 젖을 내어 줍니다. 둥지 안에는 새끼들을 위한 폭신한 잠자리까지 마련되어 있습니다. 어미가 풀잎을 가져다가 잘게 쪼갠 다음 바닥에 수북이 깔아 두었지요. 여러분이 멧밭쥐 둥지를 처음 보면 약간 어리둥절할 수도 있습니다. 아무리 봐도 입구가 없거든요. 즉 사방이 막혀 있습니다. 어미 쥐는 어떻게 이 둥지를 드나드는 걸까요? 어미 쥐는 둥지로 엮인 풀잎들을 밀거나 구부려서 틈을 벌립니다. 그러고는 그 사이로 몸을 비집고 들어갑니다. 어미 쥐가 그 사이를 통과하고 나면 풀잎의 탄성으로 인해 그 틈이 다시 메워집니다. 그래서 입구가 보이지 않는 것이지요. 이렇게 작은 동물이 그토록 둥글고 탄탄한 둥지를 짓는다는 것이 정말로 놀랍지요? 우리가 풀잎의 줄기를 찢어 둥지를 만들어 보면 단단히 뭉치는 게 쉽지 않다는 것을 알게 될 것입니다. 하지만 이 작은 멧밭쥐는 둥근 공 모양으로 아늑한 둥지를 만들어 새끼를 돌봅니다.

　멧밭쥐는 새끼를 위한 둥지뿐 아니라 자기가 겨울을 날 둥지도 만듭니다. 겨울용 둥지는 새끼를 위한 둥지만큼 많은 수고를 들이지 않습니다. 겨울 둥지는 훨씬 헐렁하게 만듭니다. 하지만 안쪽에 이끼를 깔아 추운 겨울 동안 따뜻하고 안락하게 지냅니다. 멧밭쥐는 이 겨울 둥지를 창고나 식품 저장고로 쓰기도 합니다. 들판이 텅 비어 먹을 것이 없는 시기를 대비해 곡물이나 풀씨를 보관하기 위해서지요. 멧밭쥐는 겨울잠을 자지는 않습니다. 하지만 추운 겨울에는 활발하게 돌아다니지 않고 잠을 많이 자기는 합니다. 멧밭쥐에게 건초 더미는 제대로 준비된 크고 멋진 보금자리입니다. 많은 멧밭쥐가 건초 더미에서 겨울을 지냅니다. 농부들은 소들에게 먹일 건초를 야금야금 갉아먹기 때문에 멧밭쥐를 아주 싫어하지요. 하지만 너무 미워할 필요는 없습니다. 멧밭쥐가 먹는 양은 정말 적어서 큰 피해를 주지 않을 뿐 아니라, 옥수수가 미처 익기도 전에 파먹는 곤충과 딱정벌레를 잡아먹기 때문에 농부들에게 아주 큰 도움이 되기 때문이지요.

붉은 사슴　　06

　　지난 시간에는 몸집이 작은 몸통-동물인 멧밭쥐를 살펴보았습니다. 이제 몸집이 훨씬 큰 몸통-동물을 소개하겠습니다. 바로 스코틀랜드에 사는 붉은 사슴입니다. 여러분은 왜 사슴을 몸통-동물이라고 하는지 언뜻 이해가 되지 않을 수도 있습니다. 늘씬하게 뻗은 목 위에 큰 뿔이 달린 머리가 있고 다리는 가늘지만 아주 튼튼해 보입니다. 지금까지 배운 몸통-동물과 달리 사슴은 머리와 사지가 명확히 구분되어 보입니다. 하지만 사슴은 머리를 사지처럼 사용합니다. 머리로 먹이를 집어 들거나 나뭇가지를 옆으로 밀치고 어떤 때는 머리로 들이받으며 싸우기도 합니다. 우리가 손이나 팔을 사용하는 것처럼 머리를 사용합니다. 사슴의 머리는 몸통을 위해 일하는 튼튼한 팔이라고 할 수 있습니다. 다리도 마찬가지입니다. 뒷다리와 앞다리 모두 몸통을 떠받치고 이동하는 역할을 합니다. 결국 사슴의 머리와 사지가 모두 몸통을 위해 일하며 몸통이 몸 전체에서 가장 중요한 부분이지요.

　　붉은 사슴은 1년 내내 붉은색을 띠지는 않습니다. 가을에서 겨울을 지나 4월까지 사슴의 털은 길고 뻣뻣한 회갈색입니다. 봄이 되면 마치 겨울 코트를 벗어 버리듯 털이 빠지고 이름에 걸맞은 적갈색 털이 자라납니다. 길지 않은 꼬리 주변에는 밝은 반점이 있습니다. 뿔이 자라는 것은 수컷뿐이고 암컷은 뿔이 없습니다. 황소의 뿔과 수사슴의 뿔은 큰 차이가 있습니다. 황소의 뿔은 평생 한 번밖에 나지 않으며 일단 자라난 뿔은 황소가 죽을 때까지 머리에서 떨어지지 않습니다. 수사슴의 뿔은 그렇지 않습니다. 수사슴은 매년 2월에서 4월 사이에 뿔 갈이를 합니다. 뿔이 그냥 툭 떨어집니다. 맨 처음 자라난 뿔이 떨어지면 해마다 같은 날 뿔 갈이를 합니다. 예를 들어 어떤 수사슴의 첫 번째 뿔이 4월 5일에 떨어지면 다음 해도 4월 5일에 뿔이 떨어진다는 말입니다.

지난해 자란 뿔이 떨어지자마자 곧 새로운 뿔이 올라오기 시작하는데 새 뿔은 전의 뿔보다 가지가 많습니다. 맨 첫해에는 두 개의 뿔이 곧게 뻗어 나옵니다. 다음 해 그 뿔이 떨어진 자리에서 각각 두 갈래로 갈라진 새 뿔이 자라납니다. 그래서 '네 개로 갈라진 뿔'이 됩니다. 이런 식으로 해마다 뿔 갈이가 이어집니다. 스코틀랜드에서는 뿔이 12개 이상 갈라진 수사슴을 '왕족'[*]이라 부릅니다. 어떤 사슴은 뿔의 가지가 20개, 30개, 아주 드물게는 40개가 될 때까지 오래 삽니다. 뿔의 가지가 14개 정도만 되어도 아주 멋진 왕관을 쓴 모양이 됩니다. 수사슴은 뿔을 잃고 나면 곧바로 더 큰 뿔을 키우기 시작합니다. 4개월이면 뿔 한 쌍이 완전히 다

[*] 옮긴이_17세기 중반까지 영국에서는 사슴 사냥을 오직 왕실과 귀족들만 할 수 있었고 12개 이상의 뿔을 가진 사슴은 특히 귀하게 여겨 'royal'이라는 이름을 붙였다고 한다.

자랍니다. 시들어 죽은 것만 같던 식물이 다음 해 구근에서 다시 싹을 틔우는 것과 비슷하지요.

사슴은 그야말로 숲의 동물이어서 나무가 많은 곳에서 사는 것을 좋아합니다. 그런데 사슴이 숲에서 달릴 때 '뿔이 방해가 되지는 않을까, 특히 커다란 뿔이 달려 있으면 더 어렵지 않을까' 하는 생각이 들 수 있어요. 하지만 나무가 빽빽한 숲에서 빠르게 달릴 때 수사슴은 머리를 뒤로 젖혀 뿔을 어깨 위에 걸칩니다. 그러면 사슴이 달리는 길에 방해가 되는 잔가지들이 쉽게 쓸려 나가거나 부러진답니다.

가을이 되면 수컷은 암컷을 찾아 나섭니다. 그때는 짝을 찾는 수사슴의 울음소리를 들을 수 있습니다. 수컷 두 마리가 동시에 암컷 한 마리를 좋아하는 일도 자주 있는데 그러면 싸움이 벌어집니다. 이때는 머리와 뿔이 무기가 됩니다. 힘센 두 수사슴은 사납고 격렬하게 싸우지만, 싸우다가 한 마리가 죽는 경우는 드뭅니다. 상대보다 더 강하다는 걸 증명하는 것으로 충분하지요.

18개의 가지 뿔을 가진 수사슴과 더 어린 14개 가지 뿔을 가진 수사슴 간에 싸움이 붙었습니다. 두 사슴은 먼저 뒤로 물러나 20m쯤 거리를 벌렸다가 상대를 향해 돌진합니다. 서로 머리를 '쾅' 하고 맞부딪칠 때 그 위력은 엄청납니다. 어떤 때는 충격으로 둘 다 뒤로 나자빠질 때도 있습니다. 하지만 두 사슴은 다시 일어나 이번에는 뿔로 서로를 밀고 찌릅니다. 30분가량 밀고 당기는 치열한 싸움을 벌인 끝에 마침내 어린 수사슴이 상대의 갈비뼈를 힘껏 내리칩니다. 일격을 당한 수사슴이 옆으로 나동그라집니다. 쓰러진 사슴이 일어서려고 버둥거리자 어린 사슴이 한 번 더 세게 들이받습니다. 나이 든 사슴은 더 이상 안 되겠다 싶었는지 벌떡 일어나 잽싸게 도망갑니다. 싸우느라 기진맥진한 어린 수사슴은 땅바닥에 쓰러져 배를 들썩이며 숨을 고릅니다. 그렇게 한참 동안 꼼짝 않고 누워 있은 다음에야 비로소 기운을 차립니다. 일 년 중 짝짓기 시기를 맞아 싸우려는 본능이 최고조에 달할 때는 수사슴이 사람을 공격하기도 합니다. 우리는 이런 수사슴의 싸움을 통해 다음과 같은 사실을 알 수 있습니다. 수사슴의 머리는 인간의 팔에 해당하고 뿔은 무기에 해당한다는 것입니다. 결국 수사슴이 뿔을 가지고 싸우는 것은 인간이 손으로 무기를 들고 싸우는 것과 같습니다. 수사슴의 머리는 인간의 머리처럼 목 위에 가만히 놓여 있지 않습니다. 사슴의 머리는 일종의 사지입니다.

▲▲▲

이제 붉은 사슴의 발과 발굽을 볼까요. 물론 붉은 사슴만 발굽을 가지고 있는 것은 아닙니다. 소, 염소, 양, 돼지, 말도 발굽이 있지요. 말은 양쪽 발에 한 개씩 커다란 발굽을 가지고 있고, 다른 동물들은 발굽이 갈라져 있습니다. 아주 어린 아이에게 "얼마나 컸는지 한번 볼까?" 하며 키를 재 보려고 하면 아이들은 조금이라도 더 크게 보이려고 발끝으로 서거나 팔을 높이 치켜들 것입니다. 아주 옛날에 발굽이나 뿔을 가진 동물들에게도 비슷한 일이 일어났습니다. 그 동물들은 어린아이가 더 커 보이기 위해 팔을 드는 것처럼 뿔을 키우기도 하고, 발가락으로 서기도 했습니다. 발굽은 사실 발가락이 변형된 것입니다. 발가락 주위로 발톱이 크고 두껍게 자라 발가락을 강하게 지지하고 있는 것입니다. 사슴은(소, 양, 염소, 말도 마찬가지입니다) 항상 발가락으로 걷는 것입니다. 마치 먼 옛날 사슴이 인간처럼 똑바로 걷고 싶어 했던 흔적처럼 보입니다. 각 발굽에는 두 개의 발가락이 있는데, 다른 하나는 발 뒤쪽에 조그맣게 붙어 있습니다. 우리가 발뒤꿈치가 아니라 발끝으로 달릴 때 더 속도를 낼 수 있듯이 사슴은 항상 발끝으로 서 있기 때문에 굉장히 빨리 달릴 수 있습니다.

사슴은 숲의 동물이라 나무가 많은 곳에서 주로 지냅니다. 도토리나 마로니에 열매를 먹기도 하지만 즐겨 먹는 것은 따로 있습니다. 사슴은 어린나무 껍질을 갉아 먹는 걸 좋아합니다. 그런데 이건 숲을 위해서는 좋은 일이 아닙니다. 껍질이 다 벗겨지면 어린나무는 살 수 없습니다. 그렇기 때문에 숲에 사슴이 너무 많이 살면 어린나무가 전부 죽어 버릴 수도 있습니다. 이런 상태로 시간이 오래 지나 늙은 나무들이 쓰러지고 나면 그 자리를 대체할 어린나무들이 없어 숲은 사라지고 말겠지요. 그래서 예로부터 사슴이 너무 많아지지 않도록 사슴을 사냥했던 것입니다. 그렇지 않으면 삼림이나 숲이 유지되지 않을 테니까요. 옛날에는 숲에 늑대들도 많이 살았습니다. 그 늑대들이 사슴을 잡아먹어서 사슴이 그렇게 많이 늘어나지 않았습니다. 하지만 인간들이 늑대를 다 잡아 버렸기 때문에 더 이상 숲에 늑대가 없습니다. 그래서 사슴 수가 너무 늘어나지 않도록 사냥꾼들이 매년 일정한 수의 사슴을 사냥하고 있는 것입니다.

영국의 많은 숲에는 사냥터지기가 있어 그런 목적으로 사슴을 사냥하고 있습니다. 사슴 사냥을 할 때 사냥터지기는 오랫동안 사슴을 쫓아다닙니다. 총 한 발로 사냥을 끝낼 수 있을 만큼 사슴에게 접근해야 하는데, 총알이 빗나가 상처만 입히고 사슴을 놓치면 사슴에게 좋지 않기 때문입니다. 그런데 그것은 쉬운 일이 아닙니다. 옛날에 한 사냥터지기가 수사슴 한 마리를 쫓고 있었습니다. 12개의 가지로 뻗은 멋진 뿔을 가진 사슴이었는데, 사방이 트인 풀숲에서 먹이를 먹고 있었습니다. 수사슴 가까이에 사냥터지기가 숨을 만한 나무는 없지만 다행히 적당한 거리에 큰 바위가 보였습니다. 사냥터지기는 무릎을 꿇고 엎드려 바위를 향해 기어갔습니다.

그런데 사냥터지기가 기어가던 풀숲에 들꿩 한 마리가 숨어 있었습니다. 깜짝 놀란 들꿩이 푸드덕 날아올랐습니다. 보통은 이렇게 들꿩이 갑자기 날아오르는 것은 위험을 알리는 신호이기 때문에 사슴들은 재빨리 달아납니다. 하지만 이 수사슴은 들꿩이 날아가는 것을 알아차리지 못하고 계속 먹이를 먹었습니다. 사냥터지기는 '휴우'하고 안도의 숨을 내쉬었습니다. 이제 수사슴을 잡을 수 있겠다고 생각했습니다. 그런데 갑자기 예상치 못한 일이 벌어졌습니다. 황금 독수리 한 마리가 들꿩을 발견하고는 순식간에 내리 덮쳤습니다. 독수리는 들꿩을 낚아채서 풀을 뜯고 있는 수사슴 근처의 둔덕으로 날아갔습니다. 다행히 이런 소동에도 수사슴은 한가하게 풀을 뜯고 있었습니다. 마침내 바위에 도달한 사냥터지기는 머리를 들어 총을 겨누었습니다. 바로 그때 수사슴이 신경 쓰였는지 독수리가 커다란 날개를 퍼덕이며 수사슴을 향해 날았습니다. 그러고는 마치 기수가 말을 타듯이 수사슴의 등에 올라탔습니다. 이쯤 되자 수사슴도 더 이상 풀을 뜯고 있을 수는 없었습니다. 수사슴은 있는 힘껏 달아났습니다. 당연히 사냥터지기는 코앞에서 수사슴을 쏠 기회를 놓치고 말았지요. 독수리는 수사슴을 멀리 쫓아낸 후 다시 돌아와 아까 잡아 둔 들꿩을 먹어 치웠습니다. 수사슴은 아마도 이 성질 못된 독수리 덕분에 살았다는 건 꿈에도 모르겠지요.

아기 사슴 코리

존 카메론은 커다란 영지를 관리하는 사냥터지기입니다. 그 영지는 대부분 숲이었고 그곳에는 붉은 사슴이 많이 살았습니다. 어느 날 존은 사슴 사냥을 나갔다가 산 중턱에 크게 파인 곳(영어로 '코리'라고 합니다)을 통과하고 있었습니다. 그늘진 곳에 새끼 사슴 한 마리가 누워 있었습니다. 하마터면 존이 보지 못하고 밟을 뻔했답니다. 불과 몇 시간 전에 태어난 것 같은 아주 어린 새끼가 꼼짝도 않고 쓰러져 있었습니다.

"아이고, 불쌍한 것. 엄마는 어디 가고 여기 혼자 있게 되었을까? 너를 잘 돌봐 줄 사람이 필요하겠구나." 존은 새끼 사슴을 품에 안고서 산비탈을 내려와 집으로 갔습니다.

존에게는 열두 살 아이비와 열 살 조이가 있었는데, 아이들은 아빠가 데려온 새끼 사슴을 보고는 너무 기뻐서 춤을 추듯 폴짝폴짝 뛰었습니다. 아이들은 정원 건너편에 있는 오래된 오두막을 사슴의 집으로 정하고, 사슴을 발견한 장소의 이름을 따 '코리'라고 불렀습니다. 조이는 짚단을 한 아름 가져왔고 아이비는 어미젖을 대신해 코리에게 먹일 첫 끼니를 준비했습니다. 아이비는 우유에 석회 가루와 달걀 흰자를 섞어 젖병에 담았습니다. 처음에는 젖병을 물고 빠는 일이 쉽지 않았습니다. 하지만 곧 요령을 터득한 코리는 젖병 바닥이 보이도록 쪽쪽 빨아 먹었습니다.

그날 밤 아이들은 흥분하고 들뜬 마음에 쉽게 잠들지 못했습니다. 하지만 잠이 들었다고 해도 한밤중에 깼을지도 모릅니다. 창문 바로 밑에서 뭔가가 컹컹 짖고 끙끙 앓는 소리가 밤새도록 들렸기 때문입니다. 숲 가까이에서 나고 자란 아이들은 밤에 들리는 갖가지 동물 소리에 익숙하기 때문에 굳이 일어나서 알아보지는 않았습니다.

다음 날 아침 아이비는 새끼 사슴에게 먹이를 주려고 일찍 일어났습니다. 아이비가 젖병을 손에 들고 현관문을 열었을 때 커다란 암컷 사슴 한 마리가 오두막 옆에 서 있는 것을 보았습니다. 코리의 엄마 같았습니다. 아이비는 어미 사슴이 어떻게 오두막으로 오는 길을 알아냈는지 짐작할 수가 없었습니다. 어미 사슴은 아이비를 보자 풀쩍 뛰어서는 언덕 위로 사라져 버렸습니다. 그 후로 어미 사슴은 다시 오지 않았습니다. 사슴의 생태와 습성을 잘 아는 존 카메론조차도 어미 사슴이 어떻게 그 먼 길을 왔으며 도중에 놓인 사슴 울타리는 또 어떻게 뛰어넘었는지 이해할 수 없었습니다.

코리는 아이비를 엄마로 여기는 듯했습니다. 아이비가 코리를 먹이고 돌봐 주었으니 어쩌면 당연한 일인지도 모릅니다. 잘 길들여진 코리는 모든 사람을 잘 따랐지만 그 누구보다 아이비를 좋아했습니다. 아이비가 혼자 서 있거나 앉아 있을 때면 다가와 몸을 비비며 쓰다듬어 달라고 머리를 들었습니다.

따뜻한 여름날, 아이비와 조이는 바다로 나가 수영을 했습니다. 그럴 때면 코리도 함께 가서 헤엄치고 놀았는데, 아이비나 조이보다 헤엄을 잘 치는 코리는 아이들보다 더 멀리 헤엄쳐 가기도 했습니다. 그래서 엄마아빠는 아이비와 조이에게 물이 깊지 않고 물살도 세지 않은 곳에서만 수영을 하라고 당부했습니다. 어느 날 조이는 만 안쪽으로 멀지 않은 곳에 하얀 모터보트가 정박해 있는 것을 보았습니다. 그 보트를 좀 더 가까이서 보고 싶은 호기심에 조이는 보트까지 그리 멀지 않은 것 같아서 헤엄쳐 가 보기로 했습니다.

하지만 보트는 생각보다 멀리 있었습니다.(조이는 헤엄쳐 가던 중에 그걸 깨달았습니다) 팔다리에 점점 힘이 빠지기 시작했습니다. 해안에서 멀어지니 바닷물은 훨씬 더 차가웠습니다. 마침내 보트에 도달했을 때는 기진맥진한 나머지 배 위로 올라갈 힘조차 남아 있지 않았습니다. 정박용 줄을 간신히 붙잡고는 있었지만 언제까지 버틸 수 있을지 알 수 없었습니다. 바닷물의 냉기가 몸속으로 파고들었습니다. 온몸이 부들부들 떨렸습니다. 더 버틸 자신이 없었습니다. 그런데 바로 그때 기적처럼 코리가 나타났습니다.

코리는 신나게 헤엄쳐 조이 옆으로 왔습니다. 재미있는 놀이를 한다고 생각했나 봅니다. 조이는 재빨리 밧줄을 놓고 코리의 궁둥이에 난 꼬리털을 붙잡았습니다. 코리는 조이를 뒤에 매달고 해변으로 헤엄쳐 왔습니다. 혼이 날 걸 알았지만 그래도 조이는 이 일을 부모님께 숨기지 않고 말씀드렸습니다. 부모님 말씀을 어겼다고 꾸중은 들었지만 덕분에 코리가 조이의 생명을 구한 것을 온 가족이 알게 되었습니다.

그 일이 있은 후 아이들이 코리를 더욱 예뻐하고 아꼈으리라는 것은 여러분도 짐작할 수 있겠지요. 코리는 무럭무럭 잘 자랐고 힘도 더 세졌습니다. 하루는 조이가 마당에서 숙제를 하고 있는데 코리가 와서 성가시게 굴었습니다. 몇 번이나 쫓아도 가지 않고 버티자 참다못한 조이가 코리의 머리에 꿀밤을 세게 먹였습니다. 그러자 코리는 몇 걸음 뒤로 물러나더니 고개를 숙인 채 조이에게 돌진했습니다. 이런 반응을 예상하지 못한 조이는 무방비 상태로 있다가 덤불로 나가떨어졌습니다. 조이가 비틀거리며 일어서자 코리는 또다시 달려와 조이를 들이받았습니다. 그러고 나서 만족스러운 듯 의기양양하게 걸어 나갔습니다.

안타깝게도 그날 이후로 사람을 자빠뜨리는 일이 코리에게는 재미있는 놀이가 되었습니다. 낯선 아이가 집에 놀러 올 때면 이렇게 머리로 들이받았는데, 이것이 코리에게는 환영 인사였습니다. 하지만 어떤 아이들은 겁에 질렸고, 마침내 부모님이 결단을 내렸습니다. "안타깝지만 더 이상 코리를 데리고 있을 수 없구나. 누군가 크게 다치기 전에 코리를 보내 줘야겠다."

두 아이는 몹시 슬펐지만, 코리를 위해서도 헤어지는 편이 낫다고 생각했습니다. 조이 가족은 코리를 차에 태우고 산으로 갔습니다. 그곳은 야생 동물들이 사는 지역으로 사방에 사슴 울타리가 빙 둘러쳐져 있었습니다. 아이비는 코리 목에 작은 방울이 달린 가죽 목걸이를 둘러 주며 말했습니다. "사냥꾼이 쏘지 않도록 이 목걸이가 너를 지켜 줄 거야." 코리를 그곳에 남겨 두고 떠나면서 아이비는 슬피 울었습니다. 코리는 그 산에서 잘 지내지 못했습니다. 사람들과 함께 사는 것에 익숙해졌기 때문에 다른 사슴과 어울리지 못했거든요. 그렇게 며칠 밤을 보낸 후 코리는 어찌어찌 사슴 울타리를 벗어나 도로로 나오게 되었습니다.

코리가 도로 위를 걷고 있을 때 자동차 한 대가 맞은편에서 다가왔습니다. 운전자가 차를 멈추자 코리도 멈춰 섰습니다. 코리는 자동차가 길을 비켜야 한다고, 운전자는 코리가 길을 비켜 주리라 생각하며 둘 다 꼼짝 않고 서 있었습니다. 얼마 안 있어 다른 차들이 첫 번째 차 뒤에 늘어섰습니다. 결국 한 운전자가 나서서 코리를 도로 밖으로 쫓아냈습니다. 하지만 코리는 무슨 일이 있어도 아이비에게 돌아가고 싶었습니다. 다음날 코리는 자전거를 타고 가는 할머니를 넘어뜨렸고, 저녁에는 학교에서 돌아오는 아이들 무리로 돌진했습니다. 그렇게 코리가 아이비가 있는 집으로 돌아가는 길을 찾고 있을 때, 어린 사슴 한 마리가 도로에서 사람들을 위협하며 돌아다닌다는 얘기를 들은 사람들이 코리를 잡으러 왔습니다. 그 사람들은 코리를 큰 상자로 몰아넣은 다음 잉글랜드의 야생 동물 보호 공원에 팔아넘겼습니다.

여러분은 그 넓은 공원에서 코리가 잘 지냈으리라 생각할 것입니다. 그곳에는 다른 사슴도 많고 먹을 것도 풍부하며 무엇보다도 꽤 자유롭게 돌아다닐 수 있으니까요. 그렇지만 그 공원이 아무리 멋진 숲으로 이루어졌다고 하더라도 코리가 지냈던 스코틀랜드의 하일랜드와는 완전히 달랐습니다. 코리는 이곳에서 지내는 것이 하나도 즐겁지 않았습니다. 그래서인지 그 공원에서 가장 말 안 듣는 사슴, 성질이 가장 나쁜 사슴으로 알려졌습니다. 마침내 공원 관리인은 이렇게 말했습니다. "이 성질 나쁜 놈을 다른 동물들과 함께 두면 안 되겠어." 이렇게 해서 코리는 다시 큰 상자에 실려 잉글랜드에 있는 사유지로 옮겨졌습니다. 그곳의 주인은 말과 사냥개를 데리고 전통적인 방식으로 사슴 사냥을 하는 사람이었습니다.

이 사유지에 도착하고 얼마 지나지 않아 코리는 말을 탄 사냥꾼들과 사납게 짖어대는 사냥개들에게 쫓기는 신세가 되었습니다. 사냥꾼들은 코리가 이전에 지내던 야생 동물 보호 공원으로 도망칠 것이라 예상했지만 그것은 오판이었습니다. 이제 강인한 수사슴으로 성장한 코리의 소망은 단 하나, 바로 북쪽 하일랜드의 숲으로 돌아가는 것입니다. 강인한 다리와 영리한 머리 덕분에 코리는 사냥꾼으로부터 도망쳐 그 사유지를 벗어났습니다. 코리에게는 지도나 남침반이 없습니다. 표지판을 읽을 수도 없고, 누구에게 길을 물어볼 수도 없지만 코리는 자기가 어디로 가야하는지 정확히 알았습니다. 수백 킬로미터나 되는 고되고 긴 여정이었습니다. 사람이 많은 곳을 피해 주로 밤에 들판이나 농장을 가로질러 이동했습니다. 여러 차례 개에게 잡힐 뻔한 아슬아슬한 순간도 있었지만 매번 무사히 도망쳤습니다. 긴 여정의 막바지에 이르자 길이 끊어지고 넓은 바다가 앞을 가로막았습니다. 어느 날 저녁 어부들은 사슴 한 마리가 만을 가로질러 헤엄쳐 가는 것을 보고 깜짝 놀랐습니다. 모두가 처음 보는 신기한 광경이었습니다. 몇 주 후 코리가 태어난 숲의 사냥터지기들은 방울이 달린 가죽 목걸이를 한 수사슴을 목격하게 됩니다. 코리가 자기 고향 숲으로 돌아온 것이지요.

고슴도치　07

　　지난 시간에는 우아한 목과 길고 늘씬한 다리, 부드러운 털을 가진 사슴을 배웠습니다. 오늘은 사슴과 아주 다른 동물을 살펴보겠습니다. 이 동물은 몸집이 작은 편입니다. 다리는 또 얼마나 짧은지 있는지 없는지 잘 보이지도 않고 발만 간신히 몸통에 붙어 있는 듯합니다. 거친 가죽 같은 피부에는 곱고 부드러운 털 대신 뾰족뾰족한 가시가 빽빽하게 돋아나 있습니다. 바로 고슴도치입니다. 여러분은 고슴도치를 본 적이 있나요? 혹시라도 본 적이 있다면 여러분이 본 것은 주로 고슴도치의 몸통이었을 것입니다. 고슴도치는 거의 몸통밖에 보이지 않습니다. 머리는 뾰족뾰족한 털 밑에 주둥이만 살짝 튀어나와 있는 정도이고 다리는 아주 짤막합니다. 아마도 가시가 난 공처럼 보였을 거예요. 여러분이 본 것은 대개 몸통입니다. 고슴도치 역시 몸통-동물이랍니다.

　　자연의 지혜가 모든 동물을 보살피고 지켜 준다는 사실을 고슴도치를 보면 잘 알 수 있습니다. 사슴은 뿔을 가지고 있을 뿐 아니라 위험을 피해 재빨리 달아날 수 있는 다리가 있습니다. 달팽이는 자기 집으로 쏙 들어가 숨을 수 있습니다. 멧밭쥐는 멋진 둥지를 만들 수 있고, 토끼는 달리기 선수입니다. 자연은 고슴도치에게 가시 박힌 갑옷을 주었습니다. 고슴도치는 이 갑옷으로 무장하고 있기 때문에 다른 동물처럼 빨리 달아나거나 땅을 파고 들어가지 못해도 아무 문제가 없습니다.

　고슴도치가 평온할 때는 가시가 뒤로 얌전히 누워 있습니다. 하지만 위험한 낌새가 보이는 즉시 몸을 돌돌 말아 공처럼 만들고 가시를 꼿꼿이 세웁니다. 가시가 일어서는 속도가 얼마나 빠른지 우리 눈으로는 미처 쫓아갈 수가 없습니다. 납작하게 누워 있던 가시가 눈 깜짝할 사이에 다 일어서 있습니다. 이렇게 가시를 세우지 않고도 자기 몸을 공처럼 만들 때가 있습니다. 비탈진 곳을 내려갈 때는 몸을 동그랗게 만들어 그냥 아래로 굴러갑니다. 집에서 고슴도치를 키우고 있다면 나무판자를 비스듬히 세우고 그 위에 고슴도치를 놓아 보세요. 아마도 재미 삼아 구르기를 할 것입니다. 고슴도치는 아이들 키만큼 높은 곳에서 뛰어내릴 수도 있습니다. 그럴 때면 가시를 쿠션으로 삼아 아주 요령 있게 떨어집니다.

　고슴도치는 농부에게 도움이 되는 동물입니다. 농작물을 해치는 벌레, 민달팽이 등 온갖 해충을 잡아먹습니다. 고슴도치는 동면을 합니다. 겨우내 몇 달 동안 잠만 잔다는 말이지요. 작은 구멍을 파고 들어가 낙엽이나 잡초로 자기 몸을 덮습니다. 그리고 몸을 동그랗게 말아 공처럼 만듭니다. 그 위로 비가 내리면 잡초와 낙엽이 땅바닥에 납작하게 눌려 평평해집니다. 얼마 후면 그 아래서 고슴도치가 자고 있다는 것을 아무도 알아채지 못합니다.

　어미 고슴도치는 한 번에 3~4마리 내지 다섯 마리의 새끼를 낳습니다. 갓 태어난 고슴도치는 아주 이상하게 생겼습니다. 아직 가시가 무르고 연분홍색을 띠고 있습니다. 가시가 단단해지려면 한 달쯤 지나야 합니다. 그때가 되면 새끼들은 엄마 아빠가 만든 아늑한 둥지를 떠납니다. 고슴도치의 둥지는 땅속에 구멍을 판 것에 불과하지만 마른 풀과 이끼가 깔려 있어 포근합니다.

　　고슴도치의 가장 놀라운 점은 독사와 맞붙어 싸운다는 것입니다. 어쩌다 뱀을 만나게 되면 먼저 머리를 낮추고 아주 천천히 다가갑니다. 어느 정도 거리가 가까워 졌을 때 갑자기 번개 같은 속도로 달려들어 뱀을 확 물어버립니다. 뱀이 정신을 차리고 보면 고슴도치는 이미 가시를 뾰족하게 세운 채 몸을 동그랗게 말고 있습니다. 화가 난 뱀이 머리로 가시를 여러 차례 들이받아 보지만 상처만 입을 뿐입니다. 뱀이 잠깐 공격을 멈추는 사이 고슴도치는 말고 있던 몸을 풀어 한 번 더 뱀을 물고는 얼른 다시 몸을 말아 버립니다. 바짝 약이 오른 뱀이 고슴도치를 공격해 보지만 이번에도 역시 자기 몸만 다칠 뿐입니다. 이렇게 몇 번 반복하고 나면 뱀은 많은 상처를 입고 피도 많이 흘리게 됩니다. 싸울 힘이 남아 있지 않을 만큼 기지맥진해집니다. 바로 그때 고슴도치가 뱀의 뒷머리를 콱 물어 버립니다. 그것으로 끝입니다. 보다시피 고슴도치는 위험천만한 천적이 될 수 있습니다. 뱀처럼 자기 성질을 주체하지 못한 채 상대에게 가시가 있다는 것을 잊어버리고 공격할 경우, 아주 위험해 질 수 있다는 말이지요.

고슴도치, 프리클

    한 아이와 친구가 된 고슴도치 이야기를 들려줄게요. 아이의 이름은 토미입니다. 토미의 아버지는 텃밭에서 채소와 꽃을 길러 시장에 내다 파는 일을 합니다. 토미는 그런 아버지를 늘 도와드렸습니다. 저녁이 되면 온실 보일러에 해탄을 넣는 일도 토미의 몫입니다. 어느 날 저녁 보일러 때는 일을 마치고 집으로 돌아가고 있을 때였습니다. 어디선가 동물이 울부짖는 소리가 들렸습니다. 토끼 같기도 하고 고양이 같기도 했습니다. 울음소리는 오래된 돌담 한구석에서 들려오고 있었습니다. 토미는 어떤 동물이 이렇게 슬피 우는지 알아보려고 그쪽으로 갔습니다. 오래 전에 토미의 아버지가 쥐덫을 놓은 곳이었습니다. 쥐는 한 마리도 못 잡은 채 모두 쥐덫의 존재를 까맣게 잊고 있었지요. 토미가 가서 보니 쥐가 아니라 작은 고슴도치 한 마리가 덫에 발이 걸려 빽빽 비명을 지르고 있었습니다. 고슴도치에게도 목소리가 있는데 특히 고통을 느낄 때는 그 소리가 매우 큽니다. 토미가 쥐덫 스프링을 열어 보니 고슴도치의 작은 발이 크게 다친 상태였습니다.

    마음이 따뜻한 토미는 고슴도치를 집으로 데려와 잘 씻긴 후 상처 난 다리를 붕대로 감아 주었습니다. 그리고 집 옆에 오랫동안 비어 있는 토끼 우리로 고슴도치를 데려갔습니다. ‘프리클’이라는 이름도 지어 주었습니다. 지푸라기로 포근한 잠자리를 만들어 프리클을 누이고 빵과 우유를 먹였습니다. 다친 발은 일주일도 안 되어 나았습니다. 상처가 다 나은 후 프리클은 더 이상 사람을 두려워하지 않게 되었습니다. 처음에는 항상 몸을 동그랗게 말고 뾰족한 가시를 곤두세우고 있어서 아무도 프리클을 건드릴 수 없었습니다. 그러나 얼마 안 있어 프리클은 토미의 손에서 먹이를 받아먹기 시작했고, 토미가 자기를 만질 때면 가시를 내리고 얌전히 누워 있곤 했습니다.

    그러던 어느 날 토미는 이 특별한 친구에게 신기한 재주가 있다는 것을 발견했습니다. 상처가 잘 아물고 있는지 보려고 프리클을 바닥에 눕히고는 작은 나뭇가지로 뒷다리 안쪽의 깊숙한 곳을 톡톡 건드렸습니다. 그랬더니 갑자기 프리클이 '끼익끼익'하며 노래하는 듯한 소리를 냈습니다. 그 소리는 나뭇가지로 다리를 살펴보는 동안 계속되었습니다. 그런데 프리클이 딱히 싫어하는 것 같지 않았습니다. 몸을 말거나 도망가지 않고 그냥 가만히 있었습니다. 어찌 보면 좋아하는 것 같기도 했습니다. 그날 이후 토미는 집에 놀러 온 친구들에게 자랑하곤 했습니다. "내 고슴도치 프리클은 노래도 할 수 있어. 내가 보여 줄게." 그러고는 지푸라기나 작은 나뭇가지로 프리클의 뒷다리를 살살 건드렸습니다. 그러면 프리클은 즐겁게 노래를 부르는 듯한 큰소리를 냈습니다.

그런데 이제 토미의 엄마는 프리클에게 빵과 우유를 갖다주는 일을 그만둘 때가 되었다고 생각했습니다. 프리클이 혼자서도 살아갈 만큼 회복되었기 때문입니다. 그래서 정원으로 돌려보내기로 했습니다. 고슴도치는 새벽이나 저녁 무렵에 먹이를 사냥하러 나옵니다. 그해 여름 토미는 마당에서 돌아다니는 프리클을 자주 목격했습니다. 어떤 때는 이른 아침에, 어떤 때는 저녁 늦게 종종거리며 마당을 돌아다니고 있었습니다. 다리가 너무 짧아서 마치 바퀴 위에서 느릿느릿 굴러다니는 것처럼 보였습니다. 하지만 가끔은 엄청난 속도로 굴러갈 때도 있지요. 이웃집 고양이와 있었던 일입니다.

이웃집 고양이는 덩치가 큰 녀석입니다. 새나 토끼를 잡기도 하고 족제비와 싸워 이긴 적도 있습니다. 그날 저녁 이웃집 고양이가 담벼락 위에 앉아 있을 때 마침 프리클이 장미 덤불 주변을 돌아다니고 있었습니다. 프리클을 본 고양이는 담 위에서 몸을 낮추고 납작 엎드렸습니다. 호기심이 생긴 토미는 가만히 지켜보고 있었습니다. 프리클은 불길한 낌새를 전혀 못 느꼈는지 점점 담벼락으로 다가갔습니다. 고양이는 프리클을 토끼라고 생각했던 모양입니다. 가만히 숨죽이고 기다리다가 프리클이 담벼락 바로 밑으로 오자 그 위로 뛰어내렸습니다. 고양이가 떨어지는 데는 0.5초도 걸리지 않았습니다. 하지만 그 전에 벌써 프리클은 머리를 숙이고 가시를 세운 채 몸을 동그랗게 말고 있었습니다. 프리클을 토끼로 착각해 한 방에 제압하기 위해 온 힘을 다해 뛰어내린 고양이는 결국 고슴도치의 가시 위로 힘껏 뛰어내린 꼴이 되고 말았습니다. 고양이는 외마디 비명을 지르며 쏜살같이 달아났습니다. 이렇게 혼쭐이 났으니 아마 두 번 다시 같은 실수를 범하지 않겠지요. 프리클도 많이 놀랐는지 작약 나무 아래로 재빨리 들어가 버렸습니다.

이 일이 있고 얼마 지나지 않아 프리클은 먹잇감이 많은 장소를 발견했습니다. 바로 보일러실입니다. 그곳은 바퀴벌레뿐만 아니라 쥐가 바글바글했습니다. 그런데 프리클은 쥐를 그렇게 많이 잡지 못했습니다. 쥐들이 모두 도망가 버렸기 때문입니다. 고슴도치가 풍기는 냄새를 견딜 수가 없었거든요. 곧 바퀴벌레도 점점 줄어들었습니다. 이렇게 프리클은 자신이 농부에게 도움이 될 수 있다는 것을 몸소 증명해 냈답니다.

▲▲▲

가을이 되자 프리클은 겨울잠을 잘 채비를 시작했습니다. 운 좋게도 토미는 그런 프리클을 지켜볼 수 있는 기회가 생겼습니다. 무너진 담장 아래에 아빠가 열심히 쓸어 모아 놓은 낙엽들이 어느덧 더미가 되었습니다. 어느 날 프리클이 담벼락을 타고 꼭대기로 올라가더니 낙엽 더미로 떨어졌습니다. 당연히 가시에 낙엽이 박혔겠죠. 다시 담을 기어올라가 낙엽 더미로 몸을 던졌습니다. 더 많은 나뭇잎이 가시에 박혔습니다. 프리클은 가시가 온통 나뭇잎으로 뒤덮여 덩어리처럼 보일때까지 같은 행동을 몇 번이고 반복했습니다. 이처럼 겨울잠을 자기 전에 몸을 낙엽으로 두툼하게 감싸야 합니다. 낙엽이 체온을 유지해 줄 뿐 아니라 비나 습기도 막아 주니까요.

이렇게 열심히 겨울잠을 잘 준비를 한 후 프리클은 눈에 띄게 행동이 굼뜨고 느려졌습니다. 반쯤 잠이 든 것처럼 보일 정도였지요. 그 전까지는 사람 발소리만 들리면 재빨리 피했지만 이제는 사람들이 발밑을 살피며 걸어야 했습니다. 자칫 프리클을 밟을 수도 있기 때문입니다. 그만큼 행동이 느려졌습니다. 그러던 어느 날 프리클이 한동안 사라졌습니다. 일주일 내내 보이지 않았지요. 얼마 후 토미는 오래된 헛간 구석에서 마른 풀이 공처럼 뭉쳐져 있는 것을 보았습니다. 대체 이게 뭐지? 호기심이 생겨 풀 뭉치를 풀어 보았습니다. 그런데 놀랍게도 그 안에서 프리클이 몸을 동그랗게 말고 쌔근쌔근 자고 있었습니다. 프리클의 겨울잠을 방해한 것을 미안해 하며 토미는 반쯤 풀어진 공을 구석에 도로 갖다 놓았습니다. 그러나 이미 잠이 깨 버린 프리클은 그 풀 뭉치에 더 이상 관심이 없어졌습니다. 다음 날 토미가 다시 살펴보았을 때는 이미 프리클이 사라진 뒤였습니다.

몇 주가 더 지났습니다. 날이 점점 추워지고 있었습니다. 토미 아빠가 집의 한쪽 벽을 뒤덮고 있는 담쟁이덩굴을 잘라 내고 있었습니다. 무성한 덩굴 잎이 빽빽하게 뒤엉켜 있었는데 그것을 정리하다 프리클을 발견했습니다. 어른 키만큼 높은 위치에 덩굴 잎이 촘촘하게 엉겨 있었는데 그 위에 프리클이 자리를 잡고 있었던 것입니다. 하지만 덩굴을 잘라 버리는 바람에 두 번째 은신처를 잃게 된 프리클은 또다시 사라졌습니다. 며칠 후 토미의 아빠가 정원에서 일을 하고 있었습니다. 땀이 난 아빠는 겉옷을 벗어 덤불 근처 잔디 위에 놓아두었습니다. 일을 마친 후 아빠는 겉옷을 깜빡 잊고 그냥 집으로 갔습니다. 다음 날 아침 옷을 가지러 갔더니 그 사이에 새 주인이 아빠 옷을 떡하니 차지하고 있었습니다. 프리클이 한쪽 소매 안으로 들어가 동그랗게 몸을 말고 있었던 것입니다. 가엾게도 다시 겨울잠을 방해받은 프리클은 어디론가 사라졌습니다.

또 며칠 후 토미 아빠가 이번에는 헛간으로 갔습니다. 채소나 꽃을 묶을 때 쓰는 마른 풀을 헛간에 보관하고 있었기 때문이지요. 아빠가 풀 다발 하나를 들어 올렸더니 거기에 프리클이 있습니다. 또 들켜 버렸네요. 토미의 집에는 차고가 하나 있습니다. 넓은 차고 한쪽 구석에다 물건을 치워 두기도 했습니다. 두꺼운 양탄자도 둘둘 말아 그곳에 두었습니다. 어느덧 겨울이 깊어져 날씨가 아주 추워졌습니다. 엄마는 양탄자를 바닥에 깔아야겠다고 생각하고 차고로 가서 돌돌 말린 양탄자를 펼쳤습니다. 아니나 다를까 여기에도 프리클이 있었습니다. 또다시 겨울잠에서 깬 프리클은 다른 장소를 찾아야 했습니다.

한참 동안 프리클이 보이지 않았습니다. 아마 어딘가 사람들에게 발각되지 않을 안전한 곳을 찾아낸 모양입니다. 어느 날 저녁 토미가 해탄을 삽으로 퍼서 보일러실 난로에 넣고 있었습니다. 삽으로 퍼 올린 해탄 사이에 가시 박힌 공 같은 게 보였습니다. 프리클이었습니다. 가엽게도 따뜻한 보일러실 해탄 사이에 숨어 있으면 안전할 거라고 생각했던 모양입니다.

'쯧쯧, 불쌍한 녀석, 프리클이 들키지 않고 지낼 곳을 찾아 줘야겠다.' 라고 토미는 생각했습니다. 토미는 예전에 토끼 우리로 쓰던 곳으로 프리클을 데리고 갔습니다. 그리고 짚으로 프리클의 몸을 단단히 감싸 주었습니다. 마침내 프리클은 이듬해 봄이 되어 따뜻한 햇빛을 받으며 돌아다닐 때까지 방해받지 않고 편안하게 잘 수 있게 되었답니다.

독수리 08

　오늘은 지금까지와는 완전히 다른 새로운 동물을 배우겠습니다. 바로 새입니다. 그중에서도 검독수리를 만나 보겠습니다. 검독수리로 들어가기 전에 먼저 새가 어떤 동물인지 간단히 살펴보겠습니다. 새가 가진 특성 중에서 가장 멋지고 놀라운 점은 바로 하늘을 날 수 있다는 것입니다. 새가 하늘 높이 나는 모습을 보면 굉장히 멋지고 아름다운 느낌이 듭니다. 그 모습이 어찌나 우아하고 아름다운지, 땅 위를 돌아다니는 동물이나 심지어 인간이 걸어 다니는 모습도 새가 나는 것에 비하면 조금 답답하게 느껴집니다. 하늘을 난다는 것은 정말 경탄할 만한 일입니다. 자연은 새가 공중을 자유롭게 날아다닐 수 있도록 새의 몸을 아주 지혜롭게 만들었답니다.

　새의 생김새를 보면 바다표범이 떠오릅니다. 바다표범의 몸은 물속에서 물살을 가르며 빠르게 헤엄칠 수 있는 형태를 띠고 있습니다. 이렇게 생긴 모양을 유선형이라고 합니다. 새의 몸도 유선형으로 되어 있어 바다표범이 물에서 헤엄치는 것처럼 공기를 타고 자유롭게 날아다니기에 적합합니다. 유선형의 몸을 지닌 새 역시 몸통-동물이고 몸에서 몸통이 가장 주된 부분입니다. 이렇게 바깥으로 드러난 생김새만 보아도 새는 공기를 타고 날기 좋게 생긴 것을 알 수 있습니다. 그런데 겉에서 관찰해서는 결코 알 수 없는 새들만의 비밀이 있습니다. 달팽이에게도 비밀이 있듯이 새에게도 놀라운 비밀이 있습니다. 그 비밀 덕분에 새는 그토록 멋지게 하늘을 날 수 있는 것입니다.

첫 번째 비밀은 새의 뼛속에 있습니다. 새의 뼈는 육지 동물의 뼈에 비해 훨씬 얇고 속이 텅 빈 관처럼 생겼습니다. 새의 날개와 다리에 있는 커다란 뼈는 속이 비어 있습니다. 인간의 뼈처럼 골수로 채워져 있지 않습니다. 그래서 새는 무척 가볍습니다. 가늘고 속이 빈 관처럼 생긴 뼈가 새의 첫 번째 비밀입니다.

두 번째 비밀은 새의 폐입니다. 새의 폐도 우리처럼 가슴 부위에 있지만 우리에게는 없는 것이 있습니다. 새에게는 폐에서부터 목과 가슴, 배로 가는 여러 개의 기다란 주머니가 있습니다. 그 주머니는 공기로 가득 채워져 있는데 이것을 기낭이라고 합니다. 새가 숨을 쉴 때 들이마신 공기는 폐뿐만 아니라 모든 기낭으로 들어갑니다. 즉 공기가 모든 신체 부위로 들어가는 셈이 됩니다. 이렇게 해서 새는 단지 폐뿐만이 아니라 몸 전체가 공기로 가득 차게 됩니다. 그 덕분에 새는 공중을 날 수 있습니다. 우리가 물 위에 떠 있을 때 물이 우리 몸을 떠다니게 하는 것처럼 공기가 새의 몸을 날 수 있게 해 줍니다. 새는 폐에서부터 온몸으로 이어지는 기낭 속에 공기를 충분히 갖고 있기 때문에 결코 숨이 차지 않습니다. 빠른 속도로 달릴 때 우리는 처음에는 호흡이 빨라지다가 나중에는 숨을 쉬기 어려워 헐떡이게 됩니다. 수사슴이나 말, 개도 똑같습니다. 하지만 새는 그렇지 않습니다. 물론 새도 지칠 수는 있겠지요. 하지만 절대로 숨이 차지는 않습니다. 새는 기낭이라는 놀라운 기관이 있어 자기 몸집에 비해 훨씬 더 많은 공기를 들이마실 수 있기 때문입니다. 기낭이 새의 두 번째 비밀입니다.

새의 세 번째 비밀은 날개입니다. 날개는 팔과 손이 나는 기관으로 변한 것입니다. 인간에게 팔과 손이 있고 동물은 앞다리나 앞발이 있다면 새에게는 날개가 있습니다. 새가 날개를 펴는 것은 인간이 다섯 손가락을 쫙 펴는 것과 같습니다. 앞다리가 날개로 변해 자기 몸을 공중으로 들어 올릴 수 있게 된 것은 새에게는 멋진 일입니다. 하지만 그 결과 새는 날개를 다른 일에는 쓸 수 없게 되었습니다. 무언가를 집어 들려면 부리나 머리를 사지처럼 사용해야 합니다. 이렇듯 새의 머리는 사지처럼 자기 몸통을 위해 일합니다. 앞다리가 날개로 바뀌었다는 것이 새의 세 번째 비밀입니다. 새는 앞다리로 달릴 수도, 뭔가를 집어들 수도 없지만 멋지게 날 수 있습니다.

지금까지 새의 세 가지 비밀인 얇고 속이 비어 있는 뼈, 기낭 그리고 날개를 살펴보았습니다. 이제 마지막으로 가장 놀랍고 신비한 비밀을 살펴볼 차례입니다. 바로 깃털입니다. 새의 깃털은 사람의 머리카락이나 동물의 몸에 난 털과는 완전히 다릅니다. 모든 새의 깃털은 그 자체로 매우 정교하고 특별하며 아름답습니다. 날개 깃털을 하나 가져와서 살펴보세요. 가운데에 깃대가 있고 깃대의 양쪽에 깃판이 있습니다. 깃판은 독립된 깃가지들이 모여서 된 것인데, 각각의 깃가지마다에 있는 작은 갈고리들이 옆에 있는 깃가지의 갈고리와 맞물려 있습니다. 이 작은 갈고리들 덕분에 서로 맞물린 깃가지들은 매끄럽게 연결된 하나의 면처럼 보입니다. 이 갈고리들은 분리될 수도 있습니다. 갈고리

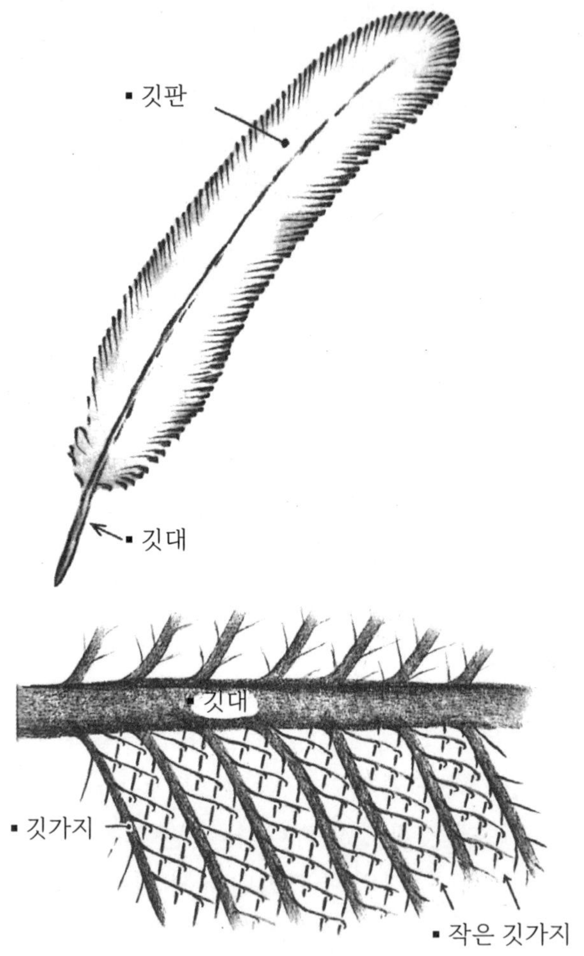
깃판
깃대
깃대
깃가지
작은 깃가지

가 분리되어 깃털이 헝클어지면 새는 부리를 이용해 깃가지를 다시 정돈합니다.

그런데 깃가지 중에는 갈고리가 없는 솜털 같은 깃가지도 있습니다. 튼튼한 깃털 밑에 솜털처럼 부드러운 깃가지만 있는 작은 깃털이 있는데, 이것을 '솜깃털'이라고 합니다. 모든 새는 튼튼한 깃털 밑에 갈고리가 없는 보드랍고 작은 솜깃털이 있습니다. 이 솜깃털 덕분에 새들은 체온을 유지할 수 있습니다. 이 깃털은 나는 데 쓰이지 않습니다. 여러분은 오리 솜털 이불을 알고 있지요. 그 이불은 북유럽에 사는 바다오리의 부드럽고 보송보송한 솜깃털을 채워 넣어 만듭니다. 어미 오리는 가슴에 있는 털을 뽑아서 새끼가 지낼 따뜻한 보금자리를 만듭니다. 그러면 우리 인간들이 보금자리였던 그 깃털을 전부 가져와 이불을 만드는 것입니다.

솜깃털은 새들의 체온을 따뜻하게 유지해 줍니다. 솜깃털은 나는 데 쓰이지 않으며 갈고리도 없습니다. 깃판이 있는 튼튼한 깃털도 있습니다. 큰 깃털이라고 불리는 이 깃털에는 갈고리가 있습니다. 새의 몸 바깥쪽을 덮고 있는 이 큰 깃털이 새의 몸을 유선형으로 만들어 줍니다. 새가 날 수 있는 힘은 바로 이 날개와 꼬리에 있는 큰 깃털에서 나옵니다. 만약 새가 인간의 머리카락이나 동물의 털로 덮여 있다면 날지 못했을 것입니다. 깃대와 깃판으로 이루어진 깃털. 이것이 바로 새가 날 수 있는 네 번째 비밀입니다.

검독수리 키아

　　지금 들려줄 이야기는 스코틀랜드 북쪽의 서덜랜드에서 알을 깨고 태어난 아기 검독수리가 어른이 되기까지의 이야기입니다. 엄마, 아빠 독수리가 높은 절벽 가장자리에 둥지를 틉니다. 웬만한 바람은 물론 거센 강풍에도 끄떡없을 만큼 튼튼하고 견고한 둥지입니다. 독수리의 둥지는 작은 새의 둥지에 비하면 모양이 아담하거나 깔끔하지는 않습니다. 애초부터 예쁘고 정교하게 만드는 것이 목표가 아니니까요. 독수리 둥지는 얼음같이 차고 매서운 겨울바람으로부터 새끼를 보호할 수 있을 정도로 튼튼해야 합니다. 그렇기 때문에 독수리 둥지는 작고 안락한 집보다는 요새에 가깝습니다.

　　엄마 아빠 독수리는 먼저 튼튼한 나뭇가지를 가져와 절벽 가장자리에 둥지의 기초를 놓습니다. 그다음 큰 소나무 가지들을 물어 옵니다. 엄마 독수리가 이 푸른 소나무 가지들을 바구니 엮듯이 가로 세로로 엇갈리게 쌓아 올립니다. 이런 식으로 크고 튼튼한 바구니를 만든 다음 그 안쪽에 잔가지를 여러 겹 깝니다. 이 둥지에서 아기 독수리가 알을 깨고 나왔습니다. 우리는 이 새끼 독수리를 독수리가 내는 소리를 본떠 '키아'라고 부르기로 해요. 알에서 막 깨어난 키아는 엄마, 아빠처럼 황금빛 갈색이 아닙니다. 키아의 몸은 회백색 솜털로 덮여 있고 몸집은 아기 오리보다 약간 크답니다. 그런데 키아는 혼자가 아니네요. 같은 둥지에서 또 다른 알을 깨고 나온 여동생이 있습니다. 독수리는 한 번에 항상 두 개의 알을 낳지요. 갓 태어난 키아와 여동생이 맨 처음 한 일은 먹이를 달라고 큰 소리로 짹짹거리는 것입니다. 그럴 때를 대비해 엄마 독수리는 다 준비를 해 두었지요. 아빠가 잡아 온 토끼를 날카로운 부리와 발톱으로 잘게 찢어 새끼들의 입안에 하나씩 넣어 주었습니다.

　　이야기를 끝까지 들어 보면 알겠지만, 독수리는 자기 새끼를 응석받이로 키우지 않습니다. 며칠 후 새끼 독수리들이 좀 더 자라자 엄마는 더 이상 새끼들의 부리에 먹이를 넣어 주지 않습니다. 그냥 둥지에다 먹잇감을 놔둡니다. 그러면 새끼들이 스스로 먹이를 먹어야 합니다. 그렇다고 엄마, 아빠가 새끼를 방치하는 것은 아닙니다. 엄마, 아빠 독수리는 충분한 사랑으로 새끼들을 보살피고 쉬지 않고 사냥을 하여 먹잇감을 충분히 마련합니다. 새끼들은 먹성이 좋아 엄청나게 많이 먹고 빠르게 성장합니다. 바람이 차갑고 매서워지면 엄마 독수리는 커다란 날개로 새끼들을 따뜻하게 품어줍니다. 조금 더 자라면 고운 솜털이 빠지고 진짜 깃털이 자라기 시작합니다. 처음에는 고슴도치의 가시처럼 보였던 깃털이 펼쳐지면서 제대로 된 깃털이 됩니다.

어린 독수리 키아는 이따금 날개를 퍼덕거립니다. 하지만 아직 깃털에 힘이 없어서 날개가 휘어지고 찌그러집니다. 키아의 깃털은 아직 몰아치는 바람의 압력을 버텨 낼 만큼 자라지 않았습니다. 처음 몇 주 동안 새끼 독수리의 모든 에너지는 깃털로 집중됩니다. 먹고 나면 그 힘을 전부 깃털을 기르는 데 쓰느라 새끼 독수리는 항상 배가 고픕니다. 이제 엄마, 아빠는 먹이를 둥지에 떨어뜨려 주기만 합니다. 그러면 키아와 여동생은 한입이라도 더 먹기 위해 먹잇감을 두고 서로 밀치고 싸웁니다.

깃털이 더 단단해지고 몸이 가벼워지면서 이제 날아오를 수 있는 상태가 됩니다. 어느 날 키아가 평소처럼 무심코 날개를 퍼덕거렸는데 갑자기 몸이 둥지 위로 떠올랐습니다. 불과 몇 초였지만 공중에 잠깐 머물렀다가 둥지로 쿵 떨어집니다. 이런 일이 있은 후 키아는 날개를 퍼덕거릴 때 훨씬 더 조심하게 되었습니다. 날개를 제대로 사용하려면 아직 배워야 할 것이 많았거든요. 매번 먹이를 먹고 나면 키아는 부리에 먹이 찌꺼기가 남아 있지 않도록 부리를 나뭇가지에 문질러 깨끗이 닦습니다. 그런 다음 부리로 기다란 날개 깃털을 하나씩 하나씩 훑어 내립니다. 깃가지의 갈고리가 모두 잘 맞물려 매끈하고 멋진 깃판이 되도록 다듬는 것이지요. 꼬리 깃털도 같은 방법으로 정돈합니다. 독수리가 최우선으로 삼아야 할 일은 자기 깃털을 잘 돌보는 일입니다. 독수리에게 깃털은 목숨과도 같은 것이니까요.

드디어 날기 연습을 시작할 때가 되었습니다. 처음에는 그냥 날개를 퍼덕거리는 것밖에 할 줄 모릅니다. 그러면 몸이 둥지 위 1m쯤 떠오릅니다. 물론 공중에 오래 머물지 못하고 금방 다시 내려옵니다. 얼마 지나지 않아 키아는 바람을 타면 더 쉽게 날 수 있다는 것을 깨달았습니다. 바람에 맞서 날개를 퍼덕이자 바람이 자기 몸을 떠받쳐 주어 바람에 올라탈 수 있게 되었습니다. 하지만 아직은 이리저리 제멋대로 부는 바람의 방향과 속도에 대처할 만한 능력이 없습니다. 날개를 살짝 퍼덕였을 뿐인데 그 순간 큰 바람이 부는 바람에 생각보다 높이 날아가기도 했거든요. 3m, 6m. 얼마나 놀라고 무서웠을까요. 당황한 키아가 날개를 퍼덕거리자 내려가기는커녕 더 높이 올라갔습니다. 바람이 조금만 더 세게 불었다면 둥지에서 멀리 날아가 수백 미터 절벽 아래로 떨어져 죽을 수도 있었습니다. 하지만 다행히도 바람이 곧 잦아들어 어렵지 않게 둥지로 돌아왔습니다. 놀란 키아의 심장이 쿵쾅쿵쾅 빠르게 뛰었습니다. 그로부터 며칠 동안은 날개를 퍼덕거릴 때마다 바람에 날아갈까봐 발톱으로 둥지를 꽉 움켜쥐었습니다.

키아와 여동생이 조금 날 수 있게 되자 둥지 바깥의 세상이 궁금해지기 시작합니다. 독수리들은 시력이 엄청나게 좋습니다. 키아와 여동생은 둥지에서 몇 킬로미터나 멀리 떨어진 곳에서 엄마 아빠가 먹이를 물고 둥지로 날아오는 모습도 볼 수 있습니다. 그럴 때면 '키아-키아' 소리를 지르며 기뻐합니다. 독수리의 시력이 어느 정도인가 하면 1km나 떨어진 곳에 있는 새의 깃털도 하나하나 다 알아볼 수 있지요.

인간의 눈에는 눈꺼풀이 있어 눈을 감을 수 있습니다. 눈꺼풀은 한쪽에 하나씩 있지요. 그러나 독수리 눈에는 눈꺼풀이 세 개씩 있습니다. 두 개의 눈꺼풀은 눈을 완전히 감고 잠을 잘 때 사용합니다. 세 번째 눈꺼풀은 유리처럼 투명하기 때문에 눈꺼풀을 감아도 보는 데 아무 지장이 없습니다. 독수리가 전속력으로 날아갈 때는 세 번째 눈꺼풀을 닫습니다. 그러면 바람이 불어도 눈에 눈물이 맺히지 않아요. 이렇게 자연의 지혜는 독수리를 보호합니다.

이제 엄마, 아빠는 키아와 여동생이 제대로 된 날기 연습을 할 때가 되었다고 생각했습니다. 그래서 하루 종일 먹이를 주지 않고 새끼들을 굶겼습니다. 다음 날이 되자 엄마, 아빠는 둥지 근처에 있다가 그냥 날아가 버립니다. 새끼들은 몇 시간 동안을 배가 고파 울었습니다. 한참 후 엄마, 아빠가 돌아옵니다. 엄마는 죽은 산비둘기 한 마리를 발톱으로 움켜쥐고 있습니다. 그런데 웬일인지 엄마는 비둘기를 둥지 안으로 던져 주지 않고 그냥 움켜쥔 채 둥지 위를 빙빙 돌기만 합니다. 아빠도 둥지 주위를 맴도는데 그 모습은 마치 이렇게 말하는 것 같습니다. "자, 이리와. 날아 봐. 겁먹지 말고!"

　　새끼 두 마리는 목을 쭉 빼고 입을 크게 벌린 채 엄마가 먹이를 넣어 주기를 기다립니다. 하지만 엄마는 그저 절벽 끝에서 맴돌기만 할 뿐 둥지 가까이 내려오지 않습니다. 참다못한 키아가 둥지 가장자리로 폴짝 뛰어올라 비둘기를 잡아 보려 안간힘을 씁니다. 그러다 그만 기우뚱 중심을 잃고 절벽 아래로 떨어지고 말았습니다. 겁에 질린 키아는 머릿속이 하얘지면서 지금까지 배운 게 하나도 생각나지 않습니다. 위로 오르기 위해 날개를 퍼덕거려 보지만 소용이 없습니다. 머리를 거꾸로 처박은 채 빙글빙글 돌며 땅바닥으로 곤두박질칩니다. 키아는 어찌할 바를 몰라 비명을 지릅니다. 그 순간 아빠, 엄마가 키아 옆으로 날아옵니다. 떨어지는 키아를 잡아 주지는 못해도 아빠, 엄마 덕분에 키아는 퍼뜩 정신을 차립니다. 날개를 퍼덕거리는 대신 양옆으로 활짝 펼쳐 봅니다. 그러자 곧바로 바람이 키아의 몸을 떠받쳐 주네요. 절벽 꼭대기에서 이미 절반쯤 내려온 상태지만, 이제는 더 이상 떨어지지 않고 공중에 떠 있습니다. 우리가 물에 떠 있을 때의 느낌과 비슷하게 키아는 공기가 자기 몸을 받쳐 주는 걸 느낍니다.

　　그러나 아직은 꼬리 깃털을 이용해서 방향을 바꾸는 법은 배우지 못했습니다. 독수리의 꼬리는 완전히 펼치면 반원 모양이 되는데 이를 이용해 이리저리 방향을 바꿀 수 있답니다. 다시 바람이 불어와 절벽 중간쯤 떠 있는 키아를 나무 꼭대기쪽으로 몰고 가네요. 키아는 무서워서 또다시 비명을 지릅니다. 이번에도 엄마, 아빠가 옆으로 날아와서 큰 소리로 어떻게 하라고 알려 주지만 당황한 키아에게는 아무것도 들리지 않습니다. 마치 나무

꼭대기가 자기를 향해 돌진해 오는 것처럼 보였습니다. 반대 방향으로 날개를 퍼덕거려 보지만 도리어 아래로 빠르게 떨어질 뿐입니다. 키아는 빽빽한 전나무 가지들 사이로 곤두박질치고 말았습니다. 다친 데는 없지만 너무 무서워서 한참 동안 가지 위에 앉아 꼼짝할 수가 없습니다.

그렇게 앉아서 키아는 여동생이 나는 걸 지켜봅니다. 동생도 처음이라 그냥 절벽에서 떨어지고 있네요. 하지만 아빠, 엄마가 옆에서 큰 소리로 외친 덕분에 막판에 날개를 펴서 겨우 목숨을 건질 수 있게 됩니다. 중간 절벽에서 불과 몇 미터 높이에서 멈췄다가 금방 내려앉습니다. 여동생은 그 절벽 발치에서 엄마, 아빠가 아무리 달래도 다시 날아오르려 하지 않습니다.

이번에는 하는 수 없이 엄마, 아빠가 키아와 여동생에게 먹이를 가져다줍니다. 다음 날도 비행 수업은 계속됩니다. 이번에도 엄마가 먹잇감을 들고 유혹하자 키아는 엄마를 쫓아 이 소나무에서 저 소나무로, 다음 번에는 조금 더 멀리 있는 소나무까지 날아 봅니다. 그다음에는 훨씬 더 먼 거리까지, 이렇게 차츰차츰 비행 거리를 늘려 갑니다. 이렇게 거리를 점점 늘려 가는 동안 키아는 날개와 꼬리 깃털을 다루는 데도 조금씩 익숙해지고 동시에 자신감이 붙으면서 점점 두려움도 사라집니다. 여동생도 중간 절벽에서 가까운 나뭇가지 위로 날다가 차츰 더 높은 가지로, 다음에는 나무와 나무 사이를 날아다닐 수 있게 됩니다. 이런 식으로 키아와 여동생은 검독수리가 하늘을 나는 법을 하나씩 어렵게 배워 나갑니다.

모든 독수리는 날 수 있는 능력을 갖고 태어나지만 실제로 날 수 있기 위해서는 애써서 나는 법을 연습하고 익혀야 합니다. 우리도 마찬가지입니다. 배움이 항상 즐거울 수는 없지만, 제대로 나는 법을 배운 독수리가 그때부터 자유롭게 날 수 있는 것처럼 우리도 열심히 배워서 익히고 나면 즐겁게 그 일을 잘 할 수 있을 것입니다. 지레 겁을 먹거나 열심히 노력하지 않으면 우리가 가진 능력을 발휘할 수 없습니다. 그러면 아무것도 배울 수가 없습니다.

이렇게 열심히 연습한 다음에 키아는 모든 생명체 중에서 독수리만이 할 수 있는 비상을 터득하게 됩니다. 키아는 높은 절벽 가장자리에 매달린 둥지에서 머리를 아래로 곤두박질치듯 절벽 아래로 몸을 날립니다. 그렇게 아래로 떨어지다가 드디어 독수리만의 멋진 비상을 위한 첫 번째 날개짓을 합니다. 이 모습이 작은 새들이 공중으로 날아오르는 것에 비해 다소 서툴고 어설퍼 보일 수 있습니다. 하지만 이것은 멋진 비행의 시작에 불과합니다.

키아는 계속해서 날개를 퍼덕이지 않아도 됩니다. 곧 상승 기류를 만날 수 있기 때문이지요. 여러분도 알다시피 우리를 둘러싼 공기는 한시도 가만히 있지 않고 계속 움직입니다. 한곳에 가만히 머무는 법이 없습니다. 공기도 물처럼 흐름이 있어 올라가기도 하고 내려가기도 합니다.(이것을 기류라고 합니다) 키아는 아주 미세한 기류도 느낄 수 있기 때문에 상승하는 기류를 만나는 즉시 (절벽이나 산기슭에는 흔히 바람이 절벽을 타고 오르는데 이것을 상승 기류라고 부릅니다) 날개를 짝 펼쳐 기류에 몸을 맡깁니다. 그러면 상승 기류가 키아의 몸을 위로 띄워 줍니다. 키아가 상승 기류 안에 계속 머물기 위해서는 빙글빙글 원을 그리면서 날아야 합니다. 그러면 상승 기류 덕분에 키아의 몸은 나선형을 그리며 점점 위로 올라가게 됩니다. 날개를 활짝 펼친 채 가만히 있기만 해도 상승 기류를 따라서 더 높은 곳까지 올라가게 되는 것이지요.

처음에는 실수로 상승 기류를 타고 오르다 놓치는 일이 가끔 있었습니다. 그러면 날개를 퍼덕여서 다시 올라타야 합니다. 수없이 연습한 끝에 키아는 활짝 편 날개를 한 번도 퍼덕이지 않고 기류를 타고 상승하는 법을 터득합니다. 이것이 바로 그 유명한 독수리의 비상입니다. 독수리는 활짝 편 날개를 한 번도 퍼덕이지 않고 원을 그리며 아주 높이 올라갑니다.

이런 식으로 키아가 수천 킬로미터 높이까지 올라가면 우리 눈에는 아주 작은 점으로 보입니다. 대부분은 그나마도 보이지 않습니다. 그렇게 까마득히 높은 곳에서 엄청난 시력으로 토끼가 오물오물 풀을 뜯어 먹는 것도 볼 수 있습니다. 그 순간 독수리의 또 다른 경이로운 비행 기술이 발휘됩니다. 바로 급강하입니다. 키아는 날개를 접고 머리부터 곤두박질치면서 떨어집니다. 꼬리로 토끼를 향해 방향을 조정합니다. 땅에 가까워지면서 점점 더 속도가 붙습니다. 어떤 자동차도 이렇게 빨리 달릴 수는 없습니다. 땅에 닿기 직전 마지막 순간에 날개를 쫙 펼칩니다. 속도가 얼마나 빠른지 토끼는 독수리의 존재를 눈치채지도 못합니다. 토끼가 알아차렸을 때는 이미 늦었습니다. 결국 잡히고 맙니다.

키아는 또한 비상과 급강하를 연결해 사용하는 법도 배웁니다. 먼 거리를 이동할 때 기류를 타고 높이 솟구쳐 올랐다가 급강하하면 더 쉽게 갈 수 있다는 것을 말이지요. 절벽 위 둥지에서 수 킬로미터 떨어진 산으로 가고자 할 때 곧장 그쪽을 향해 날아가지 않습니다. 평범한 새들은 그렇게 하겠지만 검독수리는 다릅니다. 키아는 먼저 상승하는 기류를 타고 위로 솟구쳐 오릅니다. 충분히 높이 오른 다음 저 멀리 있는 산을 향해 몸을 조준하고는 길게 미끄러지듯 내려갑니다. 날아가는 동안 날개는 거의 움직이지 않습니다.

키아네 가족은 가끔씩 하늘로 솟구쳐 올랐다가 급강하하면서 놉니다. 엄마나 아빠가 쥐나 다람쥐를 발톱으로 움켜쥐고 날아오르면 나머지 가족들이 뒤를 따릅니다. 어느 정도 높이 날아올랐다 싶을 때 쥐고 있던 동물을 놓아 버립니다. 그러면 키아도 몸을 날려 떨어지는 동물을 쫓아갑니다. 쏜살같이 날아간 키아는 공중에서 정확하게 낚아챕니다. 땅에 떨어지려면 아직 한참이나 멀었는데 말이죠.

키아가 배운 기술이 하나 더 있습니다. 급강하를 하다가 마지막에 착지할 때 쓰는 기술입니다. 더 높은 산의 절벽 끝에서 둥지가 있는 절벽으로 하강할 때 키아는 거꾸로 곤두박질하듯이 떨어집니다. 하지만 머리부터 절벽에 착지할 수는 없지요. 자칫하면 목이 부러질 수도 있으니까요. 그러면 키아는 어떻게 할까요? 급강하의 마지막 순간에 번개처럼 빠르게(너무 빨라서 우리 눈으로는 쫓아갈 수도 없습니다) 나선형으로 몸을 빙글 돌려 발을 아래쪽으로 향하게 합니다. 그러고는 미끄러지듯이 두 발로 착지합니다. 이것이 바로 독수리가 나는 법입니다. 독수리는 진정 하늘의 제왕입니다.

키아와 여동생의 몸집이 엄마, 아빠만큼 커졌습니다. 태어난 지 벌써 다섯 달이 되었습니다. 날개를 쫙 펼치면 이 끝에서 저 끝까지 2m나 됩니다. 깃털은 보랏빛 광택이 도는 짙은 갈색인데 날개와 배 아래 쪽에 군데군데 흰색이 섞여 있습니다. 머리와 목은 이제 막 황금색을 띠기 시작했습니다. 생후 5개월이 된 키아는 엄마 아빠처럼 능숙하게 날 수 있을 뿐 아니라 사냥도 하고 싸움도 할 수 있습니다. 앞에서 독수리는 새끼를 응석받이로 키우지 않는다고 배웠지요. 이제 키아의 엄마, 아빠는 새끼들이 혼자 힘으로 살아갈 때가 되었다고 생각합니다.

그러던 어느 날 키아네 가족이 둥지가 있는 절벽으로 돌아가고 있었습니다. 이번에는 급강하하지 않고 한가로이 둥지 위를 빙글빙글 맴돌았지요. 엄마, 아빠가 먼저 아래로 내려갔고 키아와 여동생이 그 뒤를 따릅니다. 그런데 갑자기 전혀 예상치 못한 일이 벌어집니다. 엄마, 아빠가 갑자기 몸을 돌리더니 키아와 여동생을 부리로 쪼면서 날개를 휘두르는 것이었어요. 엄마, 아빠는 남매가 내려앉지도 둥지에 들어오지도 못하게 합니다. 엄마, 아빠의 행동을 도무지 이해할 수 없습니다. '분명히 이곳은 우리 집인데 왜 못 들어가게 하는 거지? 지금까지 우리를 길러 주신 부모님이 어째서 우리를 내쫓는 걸까?' 시무룩해진 새끼들은 둥지에서 멀리 떨어진 나무꼭대기로 날아가 그곳에서 밤을 보냅니다.

다음 날 아침 키아는 아빠가 사냥하러 나가는 것을 보았습니다. 아빠랑 같이 사냥하려고 키아도 날아오릅니다. 하지만 아빠는 키아를 보자마자 발톱을 세운 채 키아를 향해 돌진합니다. 재빨리 도망을 갔기에 망정이지 가만히 있었으면 아빠의 날카로운 발톱에 크게 다쳤을 상황입니다. 아빠는 큰 소리를 내며 키아를 몰아대기 시작했고 겁에 질린 키아는 다른 데로 날아갑니다. 그래도 아빠는 키아를 내버려두지 않고 계속 몰아댑니다. 결국 키아는 원래 살던 집에서 수십 킬로미터 떨어진 곳까지 쫓겨나고 말았지요. 그제서야 아빠는 키아를 버려둔 채 몸을 돌려 날아갔고 지칠 대로 지친 키아는 나뭇가지에 앉아 한숨을 돌렸습니다. 키아는 이제 엄마 아빠가 돌봐 주는 어린 시절이 끝났다는 것을, 앞으로는 혼자 힘으로 사냥을 하며 스스로 살아가야 한다는 것을 깨달았어요.

혼자 힘으로 산다는 건 생각보다 어려운 일입니다. 다 자란 독수리들은 모두 각자의 영역을 갖고 있습니다. 영역이란 자기만 사냥할 수 있는 넓은 범위의 땅을 말합니다. 독수리는 자기 영역 안에서 다른 독수리가 사냥하는 것을 허용하지 않습니다. 한 영역에 있는 먹잇감은 한 가족이 먹고 살기에도 빠듯하기 때문이지요. 키아는 토끼나 다람쥐를 잡으러 날아오를 때마다 번번이 다른 독수리들에게 쫓겨납니다. 그러다 마침내 바람을 막아주면서 그곳을 기지로 사냥할 만한 절벽을 발견합니다. 키아는 그 절벽에서 날아올라 사냥을 하고 사냥을 마치면 절벽 근처에 있는 커다란 소나무 가지에 앉아 휴식을 취합니다. 독수리는 짝짓기를 하기 전까지는 둥지를 만들지 않고 나뭇가지 위에서 휴식을 취하고 잠을 잡니다. 그렇게 2년을 보냅니다.

3살쯤 되던 어느 봄날, 낯선 독수리 한 마리가 자기 영역으로 들어오는 것을 본 키아는 쫓아내려고 즉시 날아오릅니다. 그런데 알고 보니 암컷 독수리입니다. 키아는 그 독수리를 내쫓지 않고 자기 영역에 맞아들이기로 합니다. 그 암컷 독수리가 자기와 함께 머물기를 바란 것이지요. 키아는 짝이 되어 달라고 청하는 멋진 구애 비행을 시작합니다. 암컷 독수리 주위로 몇 바퀴 원을 그리며 날다가 위로 높이 올라갑니다. 그러다 갑자기 아래로 곤두박질칩니다. 암컷 독수리도 화답으로 아름다운 곡선을 그리며 위아래로 날아오릅니다. 두 마리의 독수리는 날개 끝을 거의 맞닿은 채로 함께 날아다닙니다. 이렇게 키아는 자기 짝을 찾았습니다. 둘은 이제 남은 생을 함께하게 될 것입니다.

둘은 함께 절벽 위에다 요새처럼 튼튼한 둥지를 짓습니다. 둥지가 완성되었을 때 암컷이 두 개의 알을 낳은 후 품기 시작합니다. 암컷이 알을 품고 있는 동안 키아는 사냥을 나가 먹이를 구해 옵니다. 암컷이 비행을 나갈 때도 있는데, 그럴 때면 키아가 소중한 알들을 따뜻하게 품어 주지요. 한 달이 지나자 하얀 솜털로 뒤덮인 아기 독수리 두 마리가 태어납니다.

이제 그곳에서 아기 독수리의 이야기가 다시 시작된답니다.

동물의 사지와 인간의 손　09

　　이번 시간에는 어떤 한 동물이 아니라 다양한 동물의 사지에 대해 알아보겠습니다. 바로 지난 시간에 배운 새의 사지부터 시작해 볼까요. 새에게 가장 중요한 사지는 당연히 날개입니다. 새의 날개는 사실은 앞다리 혹은 앞발입니다. 개나 고양이, 말 같은 동물들은 앞다리도 뒷다리처럼 사용합니다. 즉 앞다리로도 몸의 무게를 떠받치며 네발로 서고 걷습니다. 반면에 새의 앞다리는 날개입니다. 새는 날개로 자기 몸을 공중으로 들어 올립니다.

　　새의 날개 깃털은 단순히 길고 짧게, 여기저기 뒤죽박죽 자라는 것이 아닙니다. 긴 깃털과 짧은 깃털이 나는 자리가 따로 있지요. 깃털들은 특별한 방식으로 배열되어 있는데, 나는 데 중요한 역할을 하는 가장 긴 깃털은 바깥쪽에 있고, 그 안쪽으로 조금 더 짧은 깃털이 있습니다. 그리고 가장 작은 깃털은 긴 깃털의 깃대를 감싸는 역할을 합니다. 깃털이 이처럼 질서정연하게 배열된 덕분에 날개는 새가 날 수 있는 놀라운 기관이 되는 것입니다.

이제 새의 다리를 보겠습니다. 새의 다리는 날개에 비해 못생기고 볼품없습니다. 수사슴이나 말의 다리와 비교하면 새의 다리는 쭈글쭈글하게 말라붙은 것 같지요. 그런데 놀랍게도 이렇게 생긴 다리가 새에게는 아주 제격입니다. 새의 다리에는 발가락이 네 개밖에 없습니다. 세 개는 앞쪽을 향하고 나머지 한 개는 우리 손의 엄지처럼 뒤를 향하고 있으며 인간의 발가락에 비하면 조금 긴 편입니다. 새의 발은 인간의 발과 쓰임새가 다릅니다. 새들은 대부분 땅 위에서 걸어 다니지 않습니다. 폴짝폴짝 뛰는 것밖에 하지 못합니다. 독수리도 땅에서는 볼품없이 폴짝거리기만 합니다. 새의 발가락은 땅 위를 걷는 용도가 아닙니다. 주로 나뭇가지 위에 앉으려고 그렇게 생긴 것이지요. 새가 나뭇가지에 앉을 때면 긴 발가락으로 나뭇가지를 둥글게 감싸고는 꽉 붙잡습니다. 폭풍우가 쳐도 새는 쉽사리 나무에서 떨어지지 않습니다. 잘 때도 발가락으로 나뭇가지를 꽉 붙든 채로 잠을 잡니다. 그러므로 발가락이 길쭉한 새의 발은 새에게는 아주 안성맞춤이지요.

새의 날개는 날아다니기에 완벽하고, 발은 나뭇가지에 올라앉는 데 완벽하게 생겼습니다. 그렇게 자기 역할을 하는 데 적합한 모양으로 생겼기 때문에 새의 날개와 발은 다른 일에는 별로 쓰임새가 없습니다. 심지어 새끼 독수리가 둥지에서 떨어지더라도 엄마, 아빠 독수리가 날개나 발톱으로 새끼를 잡아 줄 수가 없습니다. 독수리뿐만 아니라 작은 새도 마찬가지입니다. 새끼가 나무 위의 둥지에서 땅바닥으로 떨어지더라도 둥지로 다시 데리고 갈 방도가 없습니다. 새의 날개와 발은 각각 자기 쓰임새로만 완벽하고 그 외 다른 용도로는 쓸모가 없습니다.

　　이제 새와는 완전히 대조적인 동물을 살펴봅시다. 새가 땅에서부터 높이 올라간 곳에서 머물고 하늘을 날아다니거나 빛 속에서 살아가는 존재라면, 두더지는 땅 아래서 살아가며 어둠 속에서 주로 거주합니다. 발로 땅을 파서 길을 내고 땅속을 돌아다니기 때문에 팔다리가 굉장히 신기하게 생겼습니다. 두더지의 앞발은 개나 고양이의 발과는 생김새가 많이 다릅니다. 언뜻 보면 사람 손처럼 보이는데 사람 손보다 더 작고 둔하게 생겼습니다. 손가락은 짧고 손톱은 매우 단단하며 길고 뾰족합니다. 이렇게 생겼기 때문에 두더지의 손 혹은 앞발은 땅을 파는 데 아주 적합한 도구입니다. 어찌 보면 두더지는 삽을 몸에 지니고 태어났다고 할 수 있지요. 이 두 개의 삽으로 얼마나 재빠르게 땅을 파내는지 모릅니다. 아주 드물게 두더지가 땅 위에 올라와 있는 것을 봤다고 해도 즉시 눈 깜짝할 사이에 땅을 파고 들어가 버립니다. 땅속에서 사는 동물에게는 삽처럼 생긴 발이 아주 딱 맞는 도구입니다. 바로 그런 이유로 두더지의 앞발은 다른 용도로는 쓸 수가 없습니다. 특히 발이 항상 바깥쪽으로 돌아가 있어서 그 발로는 아무것도 잡을 수가 없습니다. 독수리는 앞발로 토끼를 움켜쥘 수 있지만 두더지의 발은 그조차 할 수 없습니다. 두더지의 발은 땅을 파는 일 그 한가지 용도로만 사용할 수 있습니다.

　　이제 주변에서 흔히 볼 수 있는 고양이의 발을 살펴보겠습니다. 고양이 대신 사자의 발을 살펴봐도 됩니다. 사자는 몸집이 커다란 고양이라고 할 수 있으니까요. 무엇보다 고양이의 발은 땅 위에서 걷기에 아주 적합합니다. 땅 위를 아주 재빠르게 움직일 수 있지요. 그런데 고양이 발은 걷는 기능이 전부가 아닙니다.

그 이상의 것도 할 수 있습니다. 고양이는 나무를 타고 오를 수 있습니다. 여러분도 알다시피 개는 나무를 탈 수 없지요. 그러면 고양이는 어떻게 나무에 오를 수 있을까요? 바로 뾰족한 발톱 덕분입니다. 고양이는 뾰족한 발톱으로 나무껍질을 찍으면서 오르기 때문에 나무에서 떨어지지 않습니다. 만일 고양이가 이 날카로운 발톱을 늘 밖으로 꺼낸 채로 걸어 다니면 어떻게 될까요? 발톱이 다 닳아서 날카롭고 뾰족하던 발톱이 금세 뭉툭해지고 말 것입니다. 그래서 평소에 걸어 다닐 때는 발톱을 안으로 말아 넣습니다. 고양이는 발톱을 안으로 넣었다 뺐다 할 수 있습니다. 고양이의 발톱은 자연이 준 멋진 선물, 멋진 도구입니다. 덕분에 고양이는 나무에 오를 수도 있고 먹잇감을 움켜쥘 수도 있습니다. 물론 평소에 발톱이 필요하지 않을 때는 안에 감춰둘 수도 있습니다. 그러나 날카로운 발톱이 달린 고양이의 발 역시 한두 가지의 쓰임새밖에 없습니다. 기어오르거나 먹이를 잡는 일 정도만 할 수 있습니다. 고양이의 발로는 헤엄을 치거나 둥지를 만들거나 두더지처럼 땅을 팔 수는 없습니다. 몇 가지 일은 정말 멋지게 해내지만 그 이상은 할 수 없습니다.

다음으로 바다표범의 앞발 혹은 지느러미발을 생각해 보겠습니다. 헤엄치기에 적합하게 생긴 이 발로는 물속에서 살기가 좋습니다. 그러나 그렇게 생긴 발로는 고양이처럼 날렵하게 달릴 수도 없고 나무에 기어오를 수도 없고 두더지처럼 땅을 파고 들어가지도 못합니다. 바다표범의 지느러미발은 딱 한 가지 일 즉 헤엄을 치는 데는 아주 훌륭한 도구이지만 그 한 가지 일밖에 못 합니다. 하지만 그 일을 정말로 잘 해냅니다.

　자, 이제 인간의 손과 팔을 한번 떠올려 봅시다. 우리의 손과 팔은 날개와는 완전히 다르게 생겼습니다. 이것으로는 날 수 없습니다. 또한 삽처럼 생기지 않아서 손으로 재빨리 구멍을 팔 수도 없습니다. 고양이처럼 손톱으로 음식물을 찢을 수도 없고, 새처럼 나뭇가지에 앉을 수도 없습니다. 이렇게 인간의 손은 한가지 과제에 특화된 도구가 결코 아닙니다. 하지만 인간의 손은 우리에게 필요한 모든 도구를 만들어 낼 수 있습니다. 인간은 새처럼 날 수는 없지만 새보다 훨씬 빠르고 더 높이 나는 비행기를 손으로 만들 수 있습니다. 또 땅을 파는 삽을 만들 수도 있고 사다리를 만들어 올라가고 싶은 높이만큼 얼마든지 높이 올라갈 수 있지요. 인간의 손은 딱 한 가지 일을 수행하는 데 완벽한 도구가 아닙니다. 하지만 인간의 손은 하고 싶은 일을 하기에 적합한 도구를 만들 수 있을 뿐 아니라 그 도구를 능숙하게 다룰 수도 있습니다. 손으로 얼마나 많은 일을 할 수 있는지 보겠습니다. 우리는 벽에 못을 박을 수 있고 단추를 달 수도 있으며, 뜨개질을 하고, 음식을 자르고, 글씨를 쓰고, 그림을 그리고 색칠을 할 수 있습니다. 또한 집을 지을 수도 있고 다리를 놓을 수도 있습니다. 우리 손은 딱 한 가지 일에 완벽하게 들어맞는 도구가 아니라는 바로 그 이유로 원하는 일을 자유롭게 할 수 있습니다.

　우리는 이렇게 손을 사용하여 많은 일을 합니다. 그런데 그 일이 우리 자신만을 위한 것이 아니라 다른 사람을 위한 것이기도 합니다. 또 우리는 아침에 학교에 오면 선생님과 악수를 하죠. 그것이 얼마나 멋진 일인지 한번 생각해 보세요. 손을 맞잡고 가볍게 흔듦으로써 우리가 친구이며 서로를 좋아한다는 것을 표현할 수 있습니다. 기도를 할 때 우리는 두 손을 모읍니다. 즉 신과 이야기할 때도 손을 사용하지요. 그렇기 때문에 모든 사지 중에서 인간의 손이 가장 완벽합니다. 인간은 지구상에서 유일하게 머리나 몸통보다도 사지가 훨씬 중요한 존재입니다. 이런 의미에서 사지-동물이라고 부를 수 있는 동물은 없고, 인간이 있을 뿐입니다. 인간의 사지는 신이 주신 가장 멋진 선물입니다.

5학년을 위한 위한 수업

코끼리 ⑩

　지금까지는 우리가 살고 있는 스코틀랜드에 있는 동물들을 살펴보았습니다. 바다표범, 사슴, 독수리, 달팽이, 멧밭쥐 등은 모두 스코틀랜드에서 흔히 볼 수 있는 동물들입니다. 오늘은 스코틀랜드에 없는 동물을 살펴보겠습니다. 이 동물은 인도나 아프리카처럼 더운 나라에 살고 몸집이 아주 큽니다. 땅 위에 사는 동물 중에 몸집이 가장 크다고 할 수 있습니다. 바로 코끼리입니다.

　코끼리를 처음 보았을 때 가장 놀랍고 인상적인 것은 거대한 몸집입니다. 보자마자 이런 느낌이 들 것입니다. "와! 엄청나게 크다." 코끼리는 키가 3m까지 자랄 수 있고 무게도 어마어마해서 5톤까지 나갈 수도 있습니다. 무게로만 보면 어른 60~70명과 맞먹습니다. 이 거대한 동물의 몸은 발바닥에서 머리 꼭대기까지의 세로 길이와 콧등에서부터 뒤쪽 엉덩이까지 가로 길이가 거의 같습니다. 옆에서 보면 정사각형에 쏙 들어갈 것 같은 모양입니다. 코끼리의 이렇게 큰 몸집은 우리에게 아주 흥미로운 사실을 알려줍니다. 아주 먼 옛날 지구에는 코끼리보다 몸집이 몇 배나 큰 동물이 많이 살았습니다. 그런 동물을 거대 동물이라고 합니다. 코끼리도 그중 하나였는데 다른 거대 동물은 모두 사라지고 코끼리만 살아남았지요. 마지막 빙하기 때 지구상에는 그 전후의 어느 시대보다도 다양하고 신기한 동물이 많이 살았습니다. 이 거대 동물 시대에 북아메리카에는 아메리카흑곰만큼 커다란 비버가 살았고 남아메리카에는 길이가 2m나 되는 아르마딜로가 살았으며, 호주에는 키가 3m나 되는 캥거루가 살았습니다. 사자는 유럽 전 지역에 흩어져 살았는데, 요즘 우리가 보는 사자는 비교도 안 될 정도로 몸집이 컸습니다. 코끼리의 거대한 몸집은 아주 아주 먼 옛날 거대 동물들이 지구 위를 누비던 시기를 떠올리게 합니다. 그리고 이 거대 동물 중에는 현재 코끼리의 조상도 있었지요.

그런데 이 거대한 코끼리의 조상은 요즘 우리가 보는 코끼리와는 다르게 생겼습니다. 코끼리의 조상은 길고 두꺼운 털로 몸이 뒤덮여 있었고 몸집도 훨씬 컸습니다. 이 털북숭이 조상을 메머드라고 합니다. 메머드의 생긴 모습을 사람들은 어떻게 알게 되었을까요? 메머드가 살던 시대에 동굴에서 지내던 사람들이 있었는데, 그 사람들이 동굴 벽에다 털복숭이 코끼리 메머드를 그려 놓은 것입니다. 오늘날에는 시베리아의 얼음 속에서 예전 모습을 그대로 간직한 메머드가 꽁꽁 언 상태로 발견되기도 했지요. 이렇게 코끼리의 거대한 몸집은 시간을 거슬러 아주 먼 옛날 지구에 거대한 동물들이 살던 때로 우리를 데려갑니다.

앞에서 본 것처럼 코끼리는 정사각형 안에 그려 넣을 수 있습니다. 왜냐하면 코끼리는 목이랄 것이 없기 때문입니다. 커다란 머리가 몸통에 바로 붙어 있어서 몸통을 연장해 놓은 것 같습니다. 기둥처럼 튼튼하게 생긴 다리는 무거운 몸통의 무게를 감당하고 있습니다. 마치 몸통이 몸 전체의 주인이고 머리와 다리는 몸통을 위해 일하는 부속기관처럼 보입니다. 코끼리는 거대한 몸을 유지하기 위해서 어마어마한 양의 음식과 물이 필요합니다. 코끼리가 매일 먹어 치우는 나뭇잎이나 나뭇가지, 풀 등은 150kg이나 됩니다. 이렇게 많은 양을 먹기 위해서는 아침부터 저녁까지 먹이를 찾아다녀야 할 뿐만 아니라 하루 종일 계속 먹어야 합니다. 이처럼 몸집이 커서 생기는 불리한 점이 있습니다. 몸을 먹여 살리는 데 대부분의 시간을 쓴다는 것입니다. 동물원에 있는 코끼리도 야생 코끼리만큼은 아니지만 다른 동물에 비하면 먹는 양이 상당히 많습니다. 하지만 몸집이 크다는 것이 불리하기만 한 것은 아닙니다. 좋은 점도 있지요. 무엇보다 어떤 동물도 코끼리를 공격할 엄두를 못 냅니다. 아프리카에는 사자와 표범이 살고 있고 인도에는 호랑이가 삽니다. 하지만 사자나 표범, 호랑이가 코끼리를 공격하는 일은 거의 없습니다. 코끼리가 다가오는 걸 보면 대개 슬슬 피해 버리지요. 그래서 이렇게 엄청나게 큰 몸집과 무서운 힘을 가지고 있는 코끼리는 다른 동물을 신경 쓰거나 두려워할 필요가 없습니다.

사실 정글에 사는 동물들은 코끼리에게 고마워해야 합니다. 코끼리의 도움을 받고 있거든요. 정글은 나무와 나무 사이가 빽빽한데다 대나무와 풀이 높다랗게 우거져 하늘을 가리고 있어서

이 밀림을 헤치고 지나가는 게 여간 어려운 일이 아닙니다. 그런데 이런 곳을 코끼리 무리가 지나가게 되면 완전히 달라집니다. 코끼리들은 빽빽한 밀림을 가볍게 부수고 무너뜨리면서 앞으로 나갑니다. 육중한 다리로 쿵쿵 밟고 지나가면서 발밑에 있는 것은 무엇이든 납작하게 만들어 버리지요. 그러다 보니 코끼리 무리가 지나간 정글에는 길이 생겨납니다. 코끼리는 매일 같은 길을 따라 강가로 내려가 물을 마십니다. 시간이 지나면 어느새 그 길은 매끈하고 반들반들해져서 다니기 좋은 길이 됩니다. 코끼리는 정글에 길을 내는 도로 건설자입니다. 코끼리가 만든 길을 다른 동물뿐만 아니라 인간도 유용하게 사용하기 때문이지요.

코끼리처럼 몸집이 크고 무거운 동물은 몸놀림이 둔하고 느리다고 생각할 수 있습니다. 물론 코끼리가 말처럼 가볍고 빠르게 달리지는 못합니다. 하지만 코끼리가 속도를 내어 질주할 때는 올림픽 단거리 선수(40km/h)보다 더 빠릅니다. 그리고 이 속도로 꽤 오래 달릴 수 있습니다. 코끼리의 걸음걸이에는 놀라운 사실이 하나 더 있습니다. 바로 걷거나 뛸 때 거의 소리가 나지 않는다는 것입니다. 코끼리처럼 육중한 동물은 천둥 같은 소리를 내며 '쿵쾅쿵쾅' 걸을 것이라고 추측하겠지요. 하지만 코끼리의 발바닥은 말랑말랑한 지방층이 덮고 있어서 걸을 때 소리가 나지 않습니다. 물론 코끼리가 나무나 관목을 짓밟고 지나갈 때는 발밑에서 나무나 관목이 우지끈 부러지는 소리가 나겠지요. 이런 경우가 아니라면 우리 걸음걸이와 비교했을 때 발소리가 거의 나지 않습니다.

▲▲▲

코끼리를 처음 본 사람은 맨 먼저 큰 몸집에 놀라게 되고 그다음에는 코를 보고 놀랍니다. 코끼리의 얼굴에서 길게 늘어진 부분을 흔히 코라고 부르지만 정확하게 말하면 코는 아닙니다. 이것은 코와 윗입술이 함께 붙어서 길게 늘어진 것으로 코인 동시에 입의 한 부분이기도 합니다. 이런 코끼리의 코는 단순히 코가 아니라 그 이상의 역할을 합니다. 코끼리 무리가 숲에서 먹이를 먹고 있는 모습을 지켜보면, 코 끝으로 잎이 달린 나뭇가지를 둥글게 말아 쥐고 부러뜨리는 걸 볼 수 있습니다. 그런 다음 나뭇가지를 쥔 코를 아래쪽으로 둥그렇게 말아서 나뭇가지를 입안으로 밀어 넣습니다. 인간이 손을 사용하듯이 코끼리는 코를 사용합니다. 그러니 코끼리도 손이 있다고 할 수 있습니다. 손과 팔이 합쳐진 팔을 하나 가지고 있는 것입니다. 비록 코끼리의 코는 하나뿐이지만 팔과 손의 역할을 아주 훌륭하게 해냅니다. 힘도 어찌나 센지 사람은 구부리지도 못하는 두껍고 튼튼한 나뭇가지를 가볍게 부러뜨립니다. 작은 나무 하나쯤은 뿌리째 땅에서 뽑아 버릴 수도 있습니다. 코끼리 사이에 싸움이 나면 코로 상대를 공격합니다. 상대의 코에 맞았다고 해도 코끼리는 크게 상처를 입지 않습니다. 하지만 인간이 코끼리의 코에 한 대 맞으면 큰 부상을 입고 심하면 죽을 수도 있습니다.

코끼리 한 무리를 보고 있다고 상상해 보세요. 서로 좋아하는 코끼리 두 마리가 상대를 향해 다가가고 있어요. 두 코끼리가 만나면 어떤 행동을 할까요? 서로 코를 비비고 자기 코로 상대의 코를 말아서 팔짱을 끼듯이 코를 엮습니다. 코끼리에게 이런 행동은 악수나 입맞춤과 같습니다. 그러니까 코끼리는 물건을 부러뜨리고 뭔가를 줍고 또 싸움을 할 때만 코를 사용하는 게 아닙니다. 서로 좋아하는 마음을 표현할 때도 코를 사용합니다. 무리 가운데는 어린 새끼를 데리고 있는 어미 코끼리도 있네요. 새끼 코끼리가 앙증맞은 작은 코로 엄마 코끼리의 꼬리를 꼭 붙잡고 있습니다. 인간의 경우에는 엄마가 아기의 손을 잡고 다니지만, 코끼리는 새끼가 코로 엄마의 꼬리를 붙잡고 따라다닙니다. 코끼리의 코는 강하고 튼튼하지만 코끝은 매우 섬세합니다. 동물원에 있는 코끼리는 우리가 내민 사탕이나 과자를 코로 받아먹을 수 있습니다. 심지어 땅바닥에 떨어진 연필을 코끝으로 집어 올릴 수도 있어요. 강인하고 튼튼한 코끼리의 코는 이처럼 아주 섬세한 일도 할 수 있습니다.

계속 보고 있자면 코끼리들은 숲속에서만 머물지 않고 잘 다져진 길을 따라 강으로 이동합니다. 강으로 내려가 물을 마시기도 하고 목욕도 합니다. 사실 코끼리는 인간보다 더 자주 목욕을 한답니다. 가능하면 하루에 두 번 목욕을 하러 갑니다. 하루에 두 번씩 물속에 들어가지 못하면 코끼리들은 기분이 좋지 않거나 병이 나기도 합니다. 강으로 내려온 코끼리 무리를 보면 코의 또 다른 쓰임새를 알 수 있습니다. 코끼리들은 코로 물을 쭉 빨아들였다가 마치 샤워를 하듯이 자기 몸에 물을 뿜어냅니다. 서로 물을 뿌리며 장난치고 놀기도 합니다. 엄마 코끼리는 코로 물을 뿌려 새끼를 깨끗이 씻어 줍니다. 인간의 손은 이렇게 할 수 없지요.

코끼리의 코가 이처럼 손의 역할을 하더라도 냄새를 맡는 코라는 건 여전합니다. 코끼리는 인간보다 몇 배나 더 예민하게 냄새를 잘 맡을 수 있습니다. 한 무리의 코끼리가 강에서 놀고 있네요. 첨벙첨벙 물을 튀기고 물속에서 뒹굴거리고 서로 물을 뿌리며 신나게 놉니다. 심지어 수영도 합니다. 사실 코끼리들은 모두 수영을 잘합니다. 그런데 코끼리 한 마리가 물놀이에 끼지 않고 무리에서 떨어져 나와 코를 하늘 높이 치켜들고 있어요. 왜 그럴까요? 예민한 후각으로 아주 작은 위험 신호라도 빨리 감지하기 위해서입니다. 예를 들어 사냥꾼이 멀리서 다가오는 것도 미리 알 수 있으니까요. 뜨겁고 건조한 날씨가 이어지는 건기에 접어들어 강물이 바짝 말라 바닥을 드러낼 때면 코끼리들은 물을 찾아 다른 곳으로 이동해야 합니다. 그런데 후각이 얼마나 뛰어난지 7~8km 떨어진 곳에 있는 물 냄새도 맡을 수 있습니다. 그래서 물을 찾아서 헤매지 않고 새로운 호수나 강으로 곧장 이동할 수 있지요. 건기가 오래 지속되다 보면 초원에 있는 풀들이 바짝 말라 버립니다. 어쩌다 작은 불씨라도 튀게 되면 순식간에 불길이 번집니다. 그런데 코끼리는 불이 난 것도 냄새로 알 수 있습니다. 아직 불길이 멀리 있어 눈에 보이지 않아도 코끼리는 타는 냄새를 맡고서 안전한 곳으로 대피합니다. 그러므로 코끼리의 코는 팔이나 손일 뿐 아니라 인간의 코보다 훨씬 섬세한 후각을 지닌 진짜 코이기도 합니다.

이뿐만이 아닙니다. 코끼리 코가 하는 일이 또 있습니다. 코끼리가 화가 나면 어떻게 행동할까요? 화가 날 때 코끼리는 코를 높이 쳐들고는 나팔을 불듯이 코에 바람을 힘껏 불어 넣었다가 뱉으며 아주 시끄러운 소리를 냅니다. 아기 코끼리가 엄마를 잃어버렸을 때도 코로 '뿌우' 하는 소리를 냅니다. 마치 아기가 엄마를 찾으면서 우는 소리 같습니다. 그 소리를 들으면 엄마 코끼리도 "걱정 마라 아가야. 엄마 여기 있어."라는 듯 코로 '뿌우' 하면서 대답합니다. 우리는 다른 사람의 목소리를 들었을 때, 설령 전혀 알아듣지 못하는 외국어일지라도 그 사람이 화가 났는지, 슬픈지, 기쁜지 아니면 신이 났는지 알 수 있습니다. 코끼리가 코로 내는 소리도 마찬가지입니다. 그 소리를 통해 코끼리의 기분이 어떤지 알 수 있습니다. 코끼리는 코로 정말 놀라운 일을 많이 할 수 있답니다.

▲▲▲

지금까지 코끼리의 놀라운 점 두 가지를 살펴봤습니다. 첫 번째는 거대한 몸집이고 다음으로 기다란 코입니다. 코끼리의 코는 코와 팔의 역할을 동시에 하면서 또한 소리를 내는 기관이기도 합니다. 이제 코끼리의 세 번째 특징을 살펴보겠습니다. 바로 '상아'라고 부르는 코끼리의 엄니입니다. 아프리카 코끼리는 암컷과 수컷 모두 엄니를 가지고 있지만 인도 코끼리는 수컷만 엄니를 가지고 있습니다. 엄니는 인간의 이와는 생김새가 완전히 다르지만 이것도 이입니다. 인간의 이는 모두 서른두 개이지요. 위에 열여섯 개, 아래 열여섯 개가 있습니다. 반면에 코끼리의 이는 개수가 훨씬 적습니다. 엄니를 제외하면 위쪽에 두 개, 아래쪽에 두 개가 전부입니다. 게다가 먹이를 먹을 때는 입안에 있는 네 개의 이로만 음식을 씹고 소화하는 데 사용하고, 밖으로 길게 뻗어 나온 두 개 엄니로는 전혀 씹을 수 없습니다.

코끼리는 음식을 먹는 일 말고 다른 일에 엄니를 사용합니다. 코끼리는 나뭇잎도 먹지만 나무뿌리까지 먹기도 합니다. 뿌리를 캐낼 때 엄니를 사용합니다. 엄니는 또한 무기가 됩니다. 수컷 코끼리 사이에서 가끔 싸움이 날 때가 있습니다. 두 마리 수컷이 동시에 암컷 한 마리를 좋아할 때 싸움이 벌어집니다. 그럴 때면 수컷들은 기다란 코를 휘둘러 상대를 때리거나 엄니로 찌릅니다. 가끔은 피가 날 정도로 깊이 찌를 때도 있습니다. 하지만 상대가 죽을 때까지 공격하는 일은 결코 없습니다. 싸움에 진 코끼리는 순순히 포기하고 잰걸음으로 달아나 버립니다.

아프리카 코끼리는 암컷들도 엄니를 가지고 있어 아주 조심해야 합니다. 암컷 코끼리는 예민한 후각으로 새끼에게 조금이라도 위험이 될 만한 것을 감지하면 무엇이든 공격합니다. 인간이든 사자든 어떤 것이든 가리지 않습니다. 인간이나 사자에게 어린 새끼를 해할 의도가 없을지라도 어미 코끼리는 그런 것을 따지지 않습니다. 새끼 근처에서 불청객의 냄새를 맡으면 그 불청객을 새끼를 해하는 침입자로 생각하고 엄니로 들이받고 육중한 발로 짓밟아 버립니다. 그러므로 새끼 코끼리들이 어미와 함께 있을 때는 그 무리에 절대로 가까이 가면 안 됩니다.

코끼리는 커다란 엄니 외에 네 개의 이 즉 윗니 두 개, 아랫니 두 개만 가지고 음식물을 씹습니다. 서른두 개나 되는 인간의 이와 비교해 보면 달랑 이 4개만 가지고 음식물을 씹어야 하니 불편할 것 같지요. 하지만 대신에 인간보다 훨씬 나은 점이 있습니다. 코끼리는 죽을 때까지 계속 새로운 이가 납니다. 인간은 평생 딱 한 번 새 이가 나지만 코끼리는 6년마다 한 번씩 이를 바꿉니다. 코끼리는 두꺼운 나무줄기와 뿌리처럼 단단한 먹이를 씹어 먹습니다. 그러다 보니 이가 빨리 닳습니다. 게다가 먹는 양도 많습니다. 그렇게 많은 양을 하루 종일 씹다 보면 이가 말 그대로 점점 닳아 없어집니다. 그래서 생존하려면 새 이가 계속 나는 것이 꼭 필요합니다. 모든 자연에는 신의 지혜가 깃들어 있습니다. 자연 속에 존재하는 지혜가 코끼리에게 꼭 맞는 방식으로 코끼리를 돌봅니다. 원래 있던 이 네 개가 점점 닳아서 없어지는 동안 새로운 이 네 개가 천천히 자라납니다. 코끼리는 보통 80살까지 삽니다. 그러면 평생 새 이가 열두 번 나는 셈이 됩니다. 반면에 인간은 평생 딱 한 번 이갈이를 하지요.

그런데 교체되는 이는 입 안쪽에서 음식물을 씹는 네 개의 어금니뿐입니다. 바깥쪽으로 길게 뻗어 나온 엄니는 빠지지 않고 해마다 계속 길어집니다. 그렇기 때문에 아주 나이가 많은 코끼리의 엄니는 무게가 180kg이나 됩니다. 이것은 성인의 평균 체중을 60kg이라고 했을 때 어른 세 사람의 몸무게를 합친 무게입니다. 그런데 이 엄니 때문에 수만 마리의 코끼리가 살해당했습니다. 이 엄니가 바로 상아라고 부르는 귀한 재료이기 때문입니다. 여러분도 상아로 만든 여러 장식품을 본 적이 있지요. 상아를 깎아서 머리빗이나 피아노 건반 등의 공예품과 작은 조각상이나 체스 말 등을 만들 수 있습니다. 옛날에는 당구공도 상아로 만들었습니다. 사람들이 상아로 만든 물건을 좋아하고 이런 물건들이 비싼 값에 팔리기 시작하자 사냥꾼들이 아프리카나 인도의 밀림으로 들어가 단지 상아를 얻기 위해 코끼리를 사냥했습니다. 수백 년 동안 아프리카에서만 코끼리 수천 마리가 죽임을 당했습니다. 요즘은 코끼리 사냥이 금지되었습니다. 하지만 돈을 벌 욕심에 코끼리를 몰래 사냥하는 밀렵꾼이 아직도 있습니다. 이기적이고 탐욕스러운 사람들 때문에 이 멋진 동물이 지구상에서 영원히 사라져 버린다면 얼마나 안타까울까요.

앞에서 아프리카코끼리와 인도코끼리의 차이점 한 가지를 살펴봤습니다. 즉, 인도코끼리의 암컷은 엄니가 없다는 것입니다. 또 다른 차이점이 있습니다. 아프리카 대륙에는 인간의 손이 닿지 않은 야생의 지역이 많습니다. 그곳에 사는 아프리카코끼리는 키가 더 크고 귀와 엄니도 훨씬 크며 야생의 본능을 그대로 가지고 있습니다. 반면 인도에는 유럽에서 도시가 생겨나기도 전에 이미 도시가 있었습니다. 그곳에는 지혜롭고 뛰어난 학식을 가진 사람들이 살았고 그들이 지은 멋진 건물들도 오래전부터 있었습니다. 인도는 수천 년 전에 이미 문명화된 땅이었습니다. 인도코끼리는 몸집이 작고 귀나 엄니도 더 작습니다. 그리고 무엇보다 큰 차이점은 인도코끼리는 사람이 길들일 수 있다는 점입니다. 인도코끼리는 인간과 사이좋게 지낼 수도 있고 인간이 일을 시킬 수도 있습니다. 하지만 아프리카코끼리는 야생성을 그대로 가지고 있어 인간과 친하게 지내는 경우는 아주 드물고, 인간을 위해 일을 하는 것은 상상할 수도 없습니다. 어린아이를 등에 태우고 다니거나 서커스에서 재주를 부리는 코끼리는 모두 인도코끼리입니다.

인도를 비롯한 동남아시아의 나라에서는 코끼리를 잡아서 길을 들이는데, 재미로 그러는 것이 아니라 코끼리의 도움이 꼭 필요하기 때문이지요. 코끼리를 길들이고 부리는 코끼리 조련사를 '마후트mahout'라고 합니다. 조련사들은 코끼리가 무거운 짐을 나르도록 훈련을 시킵니다. 특히 숲에서 자른 나무를 옮기거나 건물을 지을 때 쓸 돌을 운반하는 데 코끼리의 도움을 받습니다. 예전에 인도의 왕자들은 코끼리를 타고 다니며 왕실의 위용을 과시하기도 했습니다. 하지만 코끼리를 길들여 무슨 일이라도 시키려면 그 전에 먼저 코끼리를 잡아야겠지요. 야생 코끼리를 포획하는 것은 다른 코끼리의 도움이 없으면 불가능합니다. 이해하기 어려운 점은 인간의 손에 길들여진 코끼리가 자기 종족을 배신하고서 다른 코끼리를 잡는데 힘을 보탠다는 것입니다.

인도 코끼리, 템부

옛날에 인도의 정글에서 야생 코끼리 한 마리가 태어났습니다. 그 코끼리의 이름은 템부입니다. 갓 태어난 코끼리는 코끼리처럼 보이지 않을 수도 있습니다. 코가 생각보다 길지 않기 때문이지요. 템부 역시 아직 코가 짤막합니다. 엄마 배에서 금방 나온 템부는 어떻게 다리를 딛고 서야 하는지 몰라서 땅바닥에 누워 버둥거리고 있습니다. 그때 엄마 코끼리가 기다란 코로 누워 있는 템부를 일으켜 줍니다. 엄마가 붙잡아 주자 템부는 안간힘을 쓰며 일어납니다. 다리가 아직 후들거리기는 하지만 네 다리로 섰습니다. 얼마 지나지 않아 템부는 걸을 수도 있게 되었습니다. 새끼 코끼리는 인간과 달라서 태어난 후 금방 걸을 수 있습니다.

첫해 동안 아기 템부는 항상 엄마 옆에 딱 붙어서 지냈습니다. 무리가 이동할 때는 코로 엄마의 꼬리를 꼭 붙잡고 엄마 뒤를 졸졸 따라다녔지요. 템부는 엄마로부터 많은 것을 배워 나갔습니다. 곰이나 호랑이같이 덩치가 큰 동물이라도 두려워할 필요가 없다는 것을 배웠습니다. 그리고 비록 크기가 작아 눈에 잘 띄지는 않지만 아주 성가시고 귀찮은 벌레가 있다는 것도 알게 되었습니다. 이런 벌레들은 주로 코끼리 피부의 쭈글쭈글한 주름 사이를 파고들어서 살을 물고 가렵게 만듭니다. 물속에 몸을 담그면 가려움이 좀 덜하지만 그때뿐입니다. 이때 도움이 되는 친구가 있습니다. 바로 새입니다. 새들이 코끼리 위에 앉아서 주름 사이에 있는 곤충들을 부리로 콕콕 쪼아서 먹어 치웁니다. 그래서 템부는 새들과 친하게 지내야 한다는 것도 알게 되었습니다. 혹시라도 코를 휘둘러 새를 쫓아 버리면 귀찮은 벌레를 누가 치워 줄 수 있겠어요. 그리고 강에 들어갈 때는 절대로 경계를 늦추면 안 됩니다. 혹시나 악어가 몰래 다가오지 않는지 잘 살펴야 합니다. 악어는 새끼 코끼리쯤은 만만하게 보고 한입에 날름 삼켜 버릴 수도 있기 때문입니다.

그 밖에도 템부가 배운 것은 많습니다. 예를 들어 엄마는 템부에게 절대로 '구제 불능' 코끼리가 되면 안 된다고 당부합니다. 코끼리는 대개 온순해서 먼저 시비를 걸거나 잘 싸우지 않습니다. 하지만 나이가 들면서 툭하면 옆에 있는 코끼리를 건드리고 아무런 이유 없이 싸움을 거는 코끼리가 한두 마리 나오기도 합니다. 이런 일이 반복되다 보면 다른 코끼리들이 걸핏하면 시비를 거는 말썽꾼을 도저히 봐줄 수 없는 지경에 이릅니다. 그러면 무리에 있는 모든 코끼리가 이 코끼리를 공격합니다. 코로 때리고 엄니로 찔러 무리에서 멀리 쫓아내 버립니다. 이렇게 쫓겨난 코끼리는 다시는 무리로 돌아올 수 없습니다. 그 코끼리를 받아 주는 무리는 아무 데도 없습니다. 이런 코끼리가 바로 '구제 불능' 코끼리입니다. 이 코끼리는 친구도, 무리도 없이 완전히 고립되어 죽을 때까지 혼자 떠돌아다닙니다. 그렇게 무리에서 쫓겨난 코끼리는 시간이 지나면서 성질이 더 사나워져서 눈에 띄는 걸 닥치는 대로 공격하기도 합니다. 그러다 사람까지 공격하게 되면 결국은 사람들에게 사냥을 당하는 신세가 되기도 합니다. 그러니까 이런 말썽꾼이 되면 안 되겠지요.

템부는 점점 자라 더 이상 엄마의 보호를 받지 않아도 될 정도로 몸집이 커지고 힘도 세졌습니다. 자기 무리에서 젊고 힘센 축에 들었지요. 우기에 접어들자 엄청나게 많은 비가 한꺼번에 쏟아져 내리면서 코끼리들이 물을 마시고 놀던 강물이 점점 불어 넘쳤습니다. 이런 시기가 오면 코끼리 무리는 땅이 많이 질척이지 않은 높은 지대로 이동하는 습성이 있습니다. 그렇게 마른 땅을 찾아 언덕으로 올라가던 템부 무리는 낯선 코끼리 행렬과 맞닥뜨렸습니다. 그 코끼리들은 각각 등에 사람을 태우고 한 줄로 쭉 늘어선 채 다가오고 있었습니다. 야생 코끼리가 아니라 사람 손에 길든 코끼리들이었습니다. 템부의 무리는 다른 코끼리의 등에 타고 있는 사람은 신경도 쓰지 않고 그대로 계속 나아갔습니다. 당연히 길을 비켜 주리라 생각했지요. 하지만 이상하게도 이 낯선 코끼리들은 순순히 길을 비켜 주지 않고 템부의 무리가 지나가지 못하게 길을 막고 서는 게 아니겠어요? 템부의 무리가 다가가 몸으로 밀어 보았지만 꿈쩍도 하지 않았습니다. 할 수 없이 템부 무리는 이 낯선 코끼리 무리와 맞붙어 싸울 수밖에 없었습니다. 하지만 사람을 태우고 있는 코끼리들은 싸우는 법을 배우고 훈련받은 코끼리들이었습니다. 싸울 때 어느 부위를 때리고 어디를 들이받아야 하는지를 정확히 알고 있었습니다. 사람을 태운 코끼리들은 기다란 코를 휘두르고 엄니로 찔러대며 제대로 공격을 해 왔습니다. 여기저기 멍들고 상처를 입은 채 뒤로 밀리던 템부 무리는 왔던 길을 되돌아가는 수밖에 없었습니다. 그런데 강쪽으로 내려가려고 몸을 돌리는 순간 반대쪽에서 한 무리의 사람들이 나타났습니다. 이들은 활활 타오르는 횃불을 들고 '쨍그랑쨍그랑 쿵쾅쿵쾅' 북과 주전자를 힘껏 두드리며 세상이 떠나갈 듯한 소리를 냈습니다. 코끼리들은 불을 무서워하고 시끄러운 소리를 정말 싫어합니다. 템부 무리는 횃불과 소음을 피하기 위해 다시 몸을 돌렸습니다. 이번에는 사람을 태운 코끼리들이 템부 무리를 둥그렇게 둘러쌌습니다. 템부 무리는 꼼짝없이 갇힌 신세가 되었어요. 사람을 태운 코끼리들은 포위망을 서서히 이동하면서 템부 무리를 커다란 울타리 쪽으로 몰아갔습니다. 그 울타리는 튼튼한 통나무로 빙 둘러 벽을 만든 것인데, 코끼리가 아무리 들이받아도 끄떡없을 만큼 견고했습니다. 둥그런 울타리는 입구만 열려 있고 나머지는 꽉 막혀 있었습니다. 템부 무리는 낯선 코끼리들이 몰아세우는 바람에 울타리 입구로 떠밀려 들어갈 처지가 되었습니다. 들어가지 않으려고 온 힘을 다해 버티고 싸웠지만 길든 코끼리 두 마리씩을 상대해서 싸워야 할 정도로 수적으로도 불리했습니다. 결국 온몸에 상처를 입고 기진맥진한 템부 무리는 울타리 안으로 들어갈 수밖에 없었습니다. 덜컥 문이 잠겼습니다. 이렇게 해서 템부는 야생에서 맘껏 뛰놀던 자유를 잃어버렸습니다. 그런데 템부와 야생 코끼리 무리를 이렇게 만든 것은 다름 아닌 사람에게 길든 동족 코끼리였지요.

울타리 안으로 밀어 넣는 코끼리들을 대항해서 템부도 열심히 싸웠지만 잘 훈련된 코끼리들을 물리치기에는 역부족이었습니다. 길든 코끼리들은 템부를 향해 코를 휘두르고 머리로 템부를 들이받았습니다. 결국 여기저기 상처를 입고 지칠 대로 지친 템부는 다른 코끼리들과 함께 울타리 안으로 떠밀려 들어갔습니다. 얼마나 지치고 기운이 빠졌는지 자기 발이 쇠사슬에 묶여 나무에 매어지는 것도 깨닫지 못했습니다.

다음 날이 되자 템부는 조금 기운을 차렸습니다. 그런데 발이 묶인 채 울타리에 갇힌 자기 처지를 생각하자 화가 치밀었습니다. 템부는 '뿌우뿌우' 큰 소리를 내며 커다란 귀를 펄럭였습니다. 사슬을 끊으려고 발버둥을 치고 온몸으로 벽을 쿵쿵 들이받았습니다. 하지만 아무 소용이 없었습니다. 그때 길들여진 코끼리 한 마리가 와서는 템부가 진정이 될 때까지 코를 휘둘러 템부를 때렸습니다. 하는 수 없이 얌전하게 굴자 조련사가 와서 나무에 고정시켜 놓은 템부의 사슬을 풀어 주었습니다. 물론 발에 묶인 사슬은 그대로 둔 채 말이죠. 그러고 나서 조련사는 템부를 강으로 데려가 물을 마시고 목욕을 하게 해 주었습니다. 하지만 템부가 도망가지 못하도록 길든 코끼리 두 마리가 내내 붙어 있었습니다. 강에서 돌아온 템부는 다시 나무에 묶였습니다. 몹시 배가 고팠지만 첫날은 여전히 화가 풀리지 않은 상태라 울타리 안으로 가져온 음식을 입에 대지도 않고 밟아버렸습니다. 하지만 다음 날이 되자 이틀이나 쫄쫄 굶은 탓에 분노보다는 배고픔이 더 커졌습니다. 그래서 템부는 사람이 주는 음식을 먹기 시작했습니다.

며칠 후 템부는 길든 암컷 코끼리 한 마리가 항상 자기를 찾아온다는 것을 알게 되었습니다. 그런데 이 코끼리는 템부를 때리지 않았습니다. 템부가 화가 나서 코를 휘둘러 때리려고 하면 그때마다 슬쩍 피하기만 할 뿐이었지요. 그러다 템부의 화가 누그러져 조금 진정이 되면 그 암컷 코끼리는 템부를 위로해 주듯 다정하게 그르렁거렸습니다. 템부는 그 코끼리가 조금씩 더 친근하게 느껴지기 시작했고, 매일 같은 사람이 자기에게 먹을 것을 갖다준다는 것도 알아차렸습니다. 템부가 사슬을 잡아당기거나 코로 울부짖지 않고 얌전하게 굴면 그 남자는 다정하고 조용한 목소리로 템부에게 말을 건넸습니다. 하지만 템부가 말을 듣지 않으면 끝이 뾰족한 쇠막대기로 템부를 쿡쿡 찌르고 때렸습니다. 가끔은 템부의 두꺼운 피부를 뚫고 상처를 낼 정도로 세게 찔렀습니다.

시간이 지나면서 템부는 먹을 것을 갖다주는 조련사에 대한 경계심이 많이 누그러졌습니다. 하지만 조련사가 쇠막대기를 휘두르지 않도록 조심해야 한다는 것도 배웠지요. 그러다 템부가 다정한 암컷 코끼리의 동행하에 밖으로 나갈 수 있는 날이 왔습니다. 조련사는 암컷 코끼리의 목에 타고 있었습니다. 템부가 혼자 빨리 가려고 할 때마다 암컷 코끼리는 자기 코로 템부의 코를 붙잡았고, 그러면 템부는 순순히 그 곁에 머물렀습니다. 그러자 조련사가 몸을 기울여 템부의 머리를 가볍게 긁어 주었지요. 템부는 그게 아주 좋았습니다. 이렇게 첫 번째 외출이 아주 순조롭게 진행되었습니다. 이런 식으로 몇 번 더 나간 후 어느 날 조련사는 암컷 코끼리의 목에서 템부의 목으로 바꿔 탔는데, 템부는 전혀 개의치 않았습니다. 얼마 후 템부가 무릎을 꿇고 앉는 법을 배우게 되면서 조련사는 템부의 목으로 곧장 올라탈 수 있게 되었습니다. 시간이 지나면서 아주 천천히 템부는 조련사에게 마음을 열기 시작했습니다.

1년이 지나자 템부는 숲에서 벤 통나무를 강으로 끌고 가는 일도 할 줄 알게 되었습니다. 통나무 여러 개를 한 더미로 묶고는 그 끈과 템부의 머리를 밧줄로 단단히 고정시켰습니다. 템부는 조련사가 목에 올라타고 지시하는 대로 통나무 더미를 끌고 또 끌어 강으로 내려갔습니다. 더 이상 조련사가 쇠막대기로 템부를 때리며 겁을 줄 필요도 없고 암컷 코끼리가 같이 다닐 필요도 없어졌습니다. 템부는 이제 조련사를 잘 따르고 매우 좋아하게 되었습니다. 아침에 조련사가 오면 반가운 마음에 소리를 지르고 쓰다듬어 달라며 코를 내밀었습니다. 춤이라도 추듯 몸을 흔들거리며 기뻐했지요. 저녁이 되어 조련사가 일을 마치고 가족이 기다리는 오두막으로 돌아갈 때면 템부도 함께 그 오두막으로 가고 싶었습니다. 하지만 덩치가 커다란 템부는 오두막 안으로 들어갈 수가 없습니다. 밤새 바깥에 서 있어야 했지요. 그런데 템부는 밤새 코를 킁킁거리고 낑낑댔습니다. 조련사의 부인은 템부가 집 근처에 있으면 안 된다고 했습니다. 시끄러워서 아이들이 잠을 잘 못 잤거든요. 그래서 템부는 오두막에서 멀리 떨어진 곳에서 쉬고 잠을 자야 한다는 것도 알게 되었습니다. 템부는 대부분 온순했지만 어쨌든 조련사의 아내가 자기를 그 집에서 떼어 놓은 것을 아는 눈치였습니다. 조련사의 아내를 볼 때마다 널따란 등을 돌린 채 외면해 버렸거든요. 그래도 템부는 조련사를 좋아하고 늘 잘 따랐습니다. 템부는 이렇게 사람의 손에 길든 코끼리가 되었습니다.

말　　11

　　우리는 지난 시간에 코끼리를 살펴보았습니다. 코끼리는 그 큰 몸집에 비해 걸을 때 발소리가 거의 나지 않습니다. 발바닥에 푹신한 솜 같은 부분이 있기 때문이지요. 오늘 살펴볼 동물은 코끼리만큼 몸집이 크지는 않지만 달릴 때 아주 시끄러운 소리가 납니다. 발바닥이 부드럽고 푹신하지 않기 때문입니다. 이 동물은 코끼리와는 정반대로 특수하게 딱딱해진 발바닥을 가지고 있습니다. 이런 발을 발굽이라고 부릅니다. 이처럼 발바닥에서부터 코끼리와는 완전히 상반된 이 동물은 바로 말입니다. 말이 달릴 때면 발굽에서 '또각또각'하는 소리가 아주 선명하게 들립니다. 발바닥에서부터 알 수 있듯이 말은 코끼리와는 아주 다릅니다. 외형으로 볼 때 코끼리는 목이 거의 없는 체형이지만 말의 머리는 우아하고 늠름한 목 위에 멋지게 얹혀 있습니다. 코끼리의 몸통이 짧고 웅크린 듯한 모습이라면 말의 몸은 길쭉길쭉하게 뻗어 있습니다. 말의 꼬리는 길고 매끄러운 털이 탐스럽게 늘어져 있는 반면 코끼리의 꼬리는 털이 없이 맨숭맨숭한데다 몸집에 비해 작아서 우스꽝스럽게 보이기도 합니다. 코끼리가 육중하다면 말은 우아하고 아름답습니다.

코끼리도 빠르게 달릴 수 있는데, 특히 화가 났을 때는 아주 빠릅니다. 하지만 대개는 뛰는 것을 그다지 좋아하지 않고 느릿느릿 천천히 움직입니다. 반면에 말은 빠른 걸음으로 걷거나 질주하려는 본능이 있습니다. 말과 코끼리를 나란히 놓고 보면 코끼리는 상대적으로 나른하고 졸린 듯하고 말은 훨씬 더 깨어 있는 듯합니다. 말은 완전히 고요한 상태로 가만히 있지 못합니다. 다리든 머리든 꼬리든 신체의 일부를 끊임없이 움직입니다. 말에게는 어딘가 약간 진동하는 듯한 움직임이 항상 존재하지요.

말은 발굽 동물(발굽이 있는 동물, 유제류)에 속하는데, 여기에 속하는 동물은 아주 많습니다. 앞에서 배운 사슴도 발굽 동물이지요. 사슴이나 소, 염소, 양, 영양처럼 뿔이 있는 동물들은 발굽이 두 개입니다. 반면에 말은 발굽이 하나입니다. 말과 가까운 친척이라 할 수 있는 당나귀, 노새, 얼룩말도 마찬가지로 발굽이 하나이지요. 말은 정말로 발가락 하나로 서기도 하고 달리기도 하는 동물인 것입니다. 가운데 발가락이 다른 발가락보다 유독 크게 자랐습니다. 나머지 발가락은 작게 퇴화하여 위쪽에 올라붙어 있어 땅에 닿지 않기 때문에 체중을 떠받치지는 못합니다. 가운데 발가락의 발톱이 크고 둥그렇게 자라났는데 그것이 바로 발굽입니다.

농부들은 발굽 동물을 들판에 풀어 놓고 키울 때 울타리에 일반적인 문 대신에 발굽 동물을 위한 특별한 발판cattle grid을 입구 바닥에 만듭니다. 이 발판은 쇠막대를 격자무늬나 일자로 엮어 만드는데 쇠막대 사이에 일정한 간격이 있어서 동물이 그 발판을 밟고 지나가려 하면 틈 사이로 발이 빠지게 되어 있습니다. 농부들이 바닥에 커다란 구덩이를 판 후 그 위에 이 발판을 올려놓으면 동물들은 발이 빠져 지나가지 못합니다. 하지만 막대기의 간격이 그렇게 넓지는 않아서 자동차 바퀴가 굴러 지나가는 데는 아무 문제가 없지요.(하지만 양들은 꾀가 많아서 울타리 너머에 있는 맛있는 풀을 먹고 싶을 때 데굴데굴 굴러서 이 발판을 통과한다고 합니다!) 그런데 이 발판은 코끼리를 가두는 데는 쓸모가 없습니다. 왜 그럴까요? 코끼리의 발은 좁고 뾰족한 발굽과는 달리 커다랗고 푹신하기 때문입니다. 말의 다리는 코끼리의 다리와 비교하면 엄청나게 가느다랗습니다. 길쭉길쭉한데다 무거운 말의 몸에 비해 다리가 너무 가늘게 느껴지기도 합니다. 하지만 말의 호리호리한 이 다리는 대단히 힘이 세고 지치는 법이 없습니다. 얼마나 튼튼하고 강인한지 말은 선 채로 잠을 잡니다. 그러니까 말의 다리는 밤에도 결코 쉬는 법이 없지요.

코끼리는 이동할 때 한 가지 방식으로만 다리를 움직입니다. 심지어 달릴 때도 마찬가지입니다. 먼저 한쪽에 있는 앞, 뒤 두 다리를 움직인 다음 다른 쪽에 있는 두 다리를 움직입니다. 말은 다릅니다. 말은 세 가지 방식으로 다리를 움직일 수 있습니다. 어느 경우이든 항상 뒷발이 먼저 움직입니다. 말이 평소처럼 걸을 때는 왼쪽 뒷발부터 시작해서 그다음에는 오른쪽 앞발 그리고 오른쪽 뒷발, 마지막으로 왼쪽 앞발 순으로 네 다리를 움직입니다. 조금 더 빠르게 움직여야 할 때는 다리를 움직이는 방식이 달라집니다. 이때는 왼쪽 뒷발과 오른쪽 앞발을 동시에 앞으로 움직이고 그다음에는 오른쪽 뒷발과 왼쪽 앞발을 동시에 움직입니다. 세 번째 전속력으로 질주할 때는 또 다릅니다. 이때는 먼저 왼쪽 뒷발을 움직이고 그다음으로 오른쪽 뒷발과 왼쪽 앞발이 동시에 나가고 마지막으로 오른쪽 앞발을 움직입니다.

자세히 들어 보면 말이 천천히 걸을 때나 전속력으로 달릴 때 발굽에서 나는 소리에는 일정한 리듬이 있음을 알 수 있습니다. 말이 걷거나 뛰는 소리에는 나름의 음악이 있다는 것이지요. 첫 번째 움직임은 1-2-3-4('작은 별' 노래)의 박자이고, 두 번째 움직임은 1-2, 1-2('산토끼' 노래) 박자이고 세 번째 움직임은 1-2-3('똑같아요' 노래) 박자입니다. 그 각각의 경우를 음악에서는 4/4박자, 2/4박자, 3/4박자라고 하고 모든 춤곡의 박자는 기본적으로 이 세 가지 중 하나를 취하고 있습니다. 인간들이 음악을 만들기 훨씬 전부터 말은 이런 리듬으로 움직였습니다. 이제 우리는 쇠발굽 소리의 리듬만 듣고도 말이 걷고 있는지, 가볍게 달리고 있는지 전속력으로 달리는지 알 수 있습니다.

말이 걷거나 달릴 때 그 움직임 속에 음악이 들어 있기 때문에 말은 지구상에서 유일하게 음악에 맞춰 움직이도록 훈련할 수 있는 동물입니다. 그렇기 때문에 말은 서커스에서 음악에 맞춰 공연을 하고, 군인들을 태우고 군악대의 리듬에 맞춰 행군할 수 있습니다. 오스트리아의 빈에는 '리피자너'라는 아주 특별한 품종의 말이 있습니다. 이 말들은 음악에 맞춰서 춤을 추도록 훈련을 받았는데 발로 아주 복잡한 스텝도 밟을 수 있습니다. 코끼리는 이렇게 훈련할 수 없습니다. 춤을 출 수 있는 코끼리는 없습니다.

▲▲▲

말은 아주 오랜 세월 동안 인간의 다정한 친구이자 인간에게 도움을 주는 존재로 지내 왔습니다. 수천 년 동안 그렇게 지내다 보니 말이 한때는 야생 동물이었다는 것을 잊어버리기도 합니다. 아주 까마득히 먼 옛날 아시아 대륙에는 온통 풀로 뒤덮인 대평원이 있었습니다. 높은 언덕이나 숲은커녕 나무도 찾아보기 어려웠습니다. 사방을 둘러보아도 보이는 것이라곤 풀밖에 없는 그런 평원을 며칠에 걸쳐 수백 킬로미터나 가야 한다고 상상해 보세요. 그런데 이 광활한 초원에 야생마들이 무리 지어 돌아다니고 있었습니다. 처음에 이 평원으로 들어온 사람들은 야생마를 사냥감으로 생각했습니다. 물소나 사슴을 잡아서 고기를 먹는 것처럼 이들에게는 말도 똑같은 먹잇감이었던 것입니다. 이들은 여느 동물들처럼 고기를 얻을 목적으로 말을 사냥했습니다.

그러다 어린 망아지가 엄마 젖을 먹는 것을 보고 자신들도 암말의 젖을 먹을 수 있지 않을까 생각했습니다. 그래서 올가미를 만들어 새끼와 함께 암말 몇 마리를 잡아다 천막 근처에 있는 장대에 묶어 두었습니다. 이 사람들은 늘 이리저리 옮겨 다니기 때문에 천막에서 지냈습니다. 이들에게는 암말이 우리에게 암소와 같은 존재가 된 것이지요. 물론 암말의 젖을 짤 때 새끼가 먹을 젖은 남겨 주었습니다.

어느덧 망아지들이 자라 어른 말이 되었어요. 이제 다른 곳으로 이동할 때가 되어 사람들이 천막을 걷습니다. 그때 무리 가운데 누군가 이렇게 말합니다. "다른 곳으로 이동할 때마다 천막을 등에 지거나 땅에 질질 끌고 다니느라 힘이 드는데, 말 등에 한 번 실어 보면 어떨까?"

물론 말들이 좋아했을 리가 없지요. 천막을 접어 등에 올리자 말은 천막을 떨어뜨리려고 발을 구르고 이리저리 날뛰며 거부했습니다. 유목민들은 짐이 떨어지지 않도록 말 등에 더 꽁꽁 묶은 후 목에 감은 밧줄을 잡아당겨 꼼짝 못 하게 말을 제압했습니다. 시간이 걸리긴 했지만 결국 말들은 굴복하고 짐을 짊어지게 되었습니다.

이처럼 말은 오래전부터 인간을 위해 많은 일을 해 왔습니다. 이제 사람들은 야생마를 사냥할 때 더 이상 말을 죽이지 않았습니다. 대신 산 채로 잡아서 길들이면 짐도 실을 수 있고 다른 일도 시킬 수 있다는 것을 알게 되었기 때문이지요.

그 당시 사람들은 말의 입이 상당히 민감해서 아주 작은 압력도 감지할 수 있다는 것을 알고 있었습니다. 그래서 말의 입 안쪽 위턱과 아래턱 사이에 쇠로 만든 작은 막대기를 물렸습니다. 이것이 재갈입니다. 재갈의 양 끝에는 고삐를 연결해 달았습니다. 고삐를 쥔 사람이 어느 쪽으로 당기든 말은 이끄는 대로 따라갈 수밖에 없었지요. 고삐가 이끄는 쪽이 아니라 다른 쪽으로 가려고 하면 입에 물린 재갈 때문에 굉장히 고통스러웠거든요

그러다 그들 중 누군가가 이런 생각을 했습니다. "내가 직접 말 등에 한번 앉아 볼까? 그러면 나도 태워 주지 않을까?" 이 기

발한 생각을 떠올린 남자는 동료들을 불러 모았습니다. 동료들이 말의 입에 재갈을 물리고 고삐를 채운 다음 말의 머리를 숙여 붙잡았습니다. 남자가 말 등에 올라타자 동료들은 고삐를 건네주고 멀찍이 뒤로 물러섰습니다. 처음에는 말이 얌전하게 서 있었습니다. 무슨 일이 벌어졌는지 미처 깨닫지 못한 듯했습니다. 하지만 등 위에서 묵직한 무게를 느낀 순간 거부하기 시작했습니다. 공중으로 풀쩍 뛰어올랐다가 '쿵' 하고 세게 땅바닥으로 떨어졌습니다. 말의 움직임과 더불어 말 등에 탄 남자의 몸도 앞뒤 좌우로 심하게 흔들렸지만 남자는 꽉 잡고 버텼습니다.

등 위의 사람이 떨어지지 않자 말이 흥분하기 시작했습니다. 등에 탄 사람을 떨구려고 등을 잔뜩 구부렸다 펴기를 반복하면서 앞발 뒷발을 번갈아 가며 공중으로 껑충껑충 뛰었습니다. 하지만 남자도 만만한 사람이 아니었습니다. 남자는 양 무릎으로 말 옆구리를 꽉 조이며 끝까지 버텼습니다. 이번에는 말이 앞발을 공중으로 번쩍 치켜들고 뒷발로 서서 버텨 보지만 남자를 떨쳐 낼 수 없었습니다. 말은 온몸에 하얀 비누 거품 같은 땀을 흘리면서도 여전히 남자를 떨어뜨리려는 시도를 포기하지 않았습니다. 이제는 달리기 시작합니다. 있는 힘을 다해 전속력으로 달려 보지만 남자는 말 등에 찰싹 달라붙어 온 힘을 다해 버텼습니다. 이렇게 한참을 달리고 또 달리다 결국 말이 지칠대로 지쳐버렸습니다. 남자는 고삐를 당겨 사람들이 기다리고 있는 야영지로 말을 몰았습니다. 녹초가 된 말은 온몸이 허연 땀으로 뒤덮인 채 떨고 있었습니다. 이제 말은 그 사람을 자기의 주인으로 받아들였습니다. 남자는 말을 기둥에 묶은 다음 땀을 닦아 주었습니다. 마실 물과 먹을 것도 가져다 먹이고 온몸을 부드럽게 쓰다듬어 주었습니다. 다음 날 남자가 말을 타려고 할 때 말은 아무런 저항도 하지 않고 순순히 등을 내어 줍니다.

이런 식으로 첫 번째 말을 길들였습니다. 말이 사람을 태우는 데 익숙해졌다는 의미입니다. 말이 자기 등에 짐을 싣거나 사람을 태우는 것은 타고난 본성이 아닙니다. 오히려 그 반대입니다. 다른 동물들과 마찬가지로 말 역시 천성적으로 등에 실린 짐을 떨쳐 내고 싶어 합니다. 예전에는 아주 힘 센 인간이 말을 길들였습니다. 이는 말의 의지를 '꺾는' 일이었습니다. 오직 등에 타고 있는 인간의 의지만을 따르도록 말의 의지를 꺾는 과정입니다. 이는 인간의 의지와 말의 의지 사이에 벌어진 한판 승부라고 볼 수 있습니다. 강하고 힘이 센 인간들만이 그 전투에서 승리할 수 있었습니다. 전쟁은 길지 않았고 기껏해야 며칠 만에 끝이 났습니다. 이제 그들이 말의 의지를 꺾고 전쟁에서 이긴 다음에는 누구든 그 말을 탈 수가 있었습니다. 아메리카 대륙의 카우보이들은 여전히 이런 식으로 말을 길들이지만 요즘에는 훨씬 더 온건한 방법을 사용합니다.

우리 시대에는 말 한 마리를 길들이는데 여러 달이 걸립니다. 길들이기가 끝난 뒤에는 훈련이 이어집니다. 길들인다는 것은 말이 순순히 사람을 태우도록 만들었다는 것을 의미합니다. 하지만 이것은 시작에 불과합니다. 그 후에 특별한 업무를 수행하게 하려면 훈련이 필요합니다. 경주하기, 장애물 뛰어넘기, 마차 끌기 등은 모두 다른 기술입니다. 하지만 이런 기술을 가르치려면 먼저 길들이기부터 시작해야 합니다.

보통 말이 세 살이 될 때까지는 자유롭게 지내도록 내버려 둡니다. 세 살 이하의 어린 말은 아직 힘이 부족해서 사람을 태울 수 없습니다. 생후 첫 3년 동안은 고대의 야생말들처럼 지냅니다. 넓은 들판에서 마음껏 뛰어다니고 다른 말들과 함께 풀을 뜯으며 지냅니다. 그러면서도 차츰차츰 마구간으로 들어가는 것에 익숙해지게 되고 마구간에서 먹이를 먹고 사람이 빗질을 해 줄 때도 몸을 내맡기고 가만히 있게 됩니다. 인간의 손길을 편안하게 받아들이게 되는 것이지요.

블랙키 이야기

이제 '블랙키'라고 하는 세 살짜리 새끼 말의 이야기를 들려주겠습니다. 오늘도 블랙키는 평소와 같은 시간에 마구간으로 들어갔습니다. 여느 때라면 여물통 안에 맛있는 귀리가 담겨 있어야 합니다. 그런데 웬일인지 이번에는 귀리가 여물통이 아니라 사육사가 평소 블랙키의 입에 물리곤 하던 담요 위에 놓여 있습니다. 블랙키는 맛있는 귀리를 먹을 생각에 귀리가 담요에 있는 것은 전혀 개의치 않았습니다. 이런 일이 며칠 이어지자 블랙키는 담요에 익숙해졌습니다. 이제 블랙키에게 담요는 먹이를 의미하게 되었지요. 다음 날 먹이를 먹으러 마구간으로 갔을 때 귀리가 다시 여물통에 담겨 있었습니다. 블랙키가 귀리를 먹는 동안 사육사가 블랙키의 등에 담요를 살포시 얹었습니다. 하지만 놀라거나 흥분하지 않았습니다. 그리고 일주일 동안 먹이를 먹을 때마다 블랙키의 등에는 담요가 얹혔습니다.

그러던 어느 날 블랙키가 먹이를 먹고 있을 때 사육사가 블랙키의 입에 재갈을 물렸습니다. 블랙키는 쇠막대기를 입에 물고 싶지 않았지만 사육사가 다정하게 말을 건네며 쓰다듬어 주자 순순히 따랐습니다. 얼마 지나지 않아 블랙키는 재갈에 익숙해졌습니다. 먹이를 먹는 동안 재갈을 물어서 그런지 블랙키는 재갈도 먹이와 관련된 것으로 여겼습니다. 그러고는 금방 재갈을 물고 있는 것도, 목 주위에 느슨하게 고삐를 거는 것도 익숙하게 되었습니다.

어느 날 사육사가 고삐를 아주 부드럽게 쥐고 블랙키를 마구간에서 데리고 나왔습니다. 사육사는 고삐를 살살 당기며 블랙키의 머리 바로 옆에서 나란히 걸었습니다. 이날은 아주 잠깐 마구간 주위를 산책하고 끝냈습니다. 다음 날에도 똑같은 방식으로 마구간을 나왔지만 더 길게 산책을 했습니다. 어제와 마찬가지로 블랙키의 입에는 재갈이 물려 있고 고삐도 목 주위에 매인 상태였지요. 그런데 산책을 하는 동안 블랙키는 새로운 사실을 알게 되었습니다. 사육사로부터 머리를 돌리려고 억지로 고삐를 잡아 당기거나 혹은 사육사가 당기는데도 자기가 듣지 않고 버티면 재갈이 입속을 아프게 한다는 것입니다. 하지만 머지않아 블랙키는 입안에 있는 재갈에 완전히 적응하게 되었습니다.

그다음에 블랙키는 재갈과 고삐를 한 채로 들판으로 이끌려 나갔습니다. 들판에서는 기다란 고삐가 재갈에 연결되었습니다. 그런데 이번에는 사육사가 아니라 조련사가 고삐의 끝을 잡았습니다. 이제 블랙키는 달리기와 걷기를 배웁니다. 조련사가 기다란 고삐의 끝을 잡고 한곳에 계속 서 있었기 때문에 오로지 둥그렇게 원을 그리면서 걷고 달렸습니다. 이런 용도에 쓰이는 기다란 고삐를 조마끈이라고 합니다. 몇 주 동안 블랙키는 조마끈을 단 채 조련사의 훈련하에 속보, 구보, 습보 등을 익혔습니다. 그러고 나서는 등에 담요를 얹은 채로 같은 동작을 반복했습니다.

지금까지 블랙키의 등에 올라탄 사람은 없습니다. 조마끈을 달고 연습한 지 3주가 지나자 상황이 달라졌습니다. 이번에는 블랙키의 등에 안장이 얹혔습니다. 안장은 떨어지지 않게 블랙키의 몸에 끈으로 단단히 묶였습니다. 블랙키가 자기 등에 놓인 안장에 익숙해지기까지는 몇 주가 지나야 했습니다. 어느 날 사육사가 귀리를 들판으로 가지고 나와 블랙키에게 먹여 주었습니다. 블랙키가 한창 귀리를 맛있게 먹는 동안 조련사가 등에 있는 안장에 올라탔습니다. 조련사는 아주 잠깐 안장에 앉아 있었습니다. 그동안 블랙키는 가만히 서 있었고 사육사는 블랙키가 움직이지 못하게 고삐를 잡고 있었습니다. 블랙키는 물론 이 상황이 달갑지 않았지요. 첫날에는 조련사가 금방 등에서 내렸습니다. 다음 날 조련사는 안장 위에 더 오래 앉아 있었습니다. 몇 주 후에는 조련사가 고삐를 쥐게 되었고 블랙키는 조련사를 등에 태우고 걸었습니다. 이 모든 일이 아주 천천히 그리고 점진적으로 진행되었기 때문에 블랙키는 자기가 길들여지고 있다는 사실을 깨닫지 못했습니다. 이렇게 블랙키는 천천히 천천히 사람을 태우고 고삐의 움직임에 복종하는 법을 익혔습니다.

대초원의 앤

　　우리는 말이 수천 년 전에는 야생 동물이었다는 것을 알게 되었습니다. 그때 말들은 드넓게 펼쳐진 초원을 무리 지어 다니면서 풀을 뜯고 뛰어놀았습니다. 현대의 말들도 이런 초원에 풀어놓으면 곧 선조들처럼 야생에 적응해서 살게 될 것입니다. 야생마 무리은 항상 가장 힘세고 가장 빠른 수컷이 무리를 이끄는 방식으로 살아갑니다.

　　몇백 년 전 아메리카 대륙에서 사람이 길들여 키우던 말 몇 마리가 풀려나 다시 야생으로 돌아가 무리를 이루었습니다. 그 말들이 어떻게 주인으로부터 벗어나게 되었는지 그 경위는 알려진 바가 없습니다. 전장에서 죽은 스페인 군인들이 탔던 말이라고 짐작할 뿐이지요. 그 말들은 끝이 보이지 않을 정도로 광활하게 펼쳐진 초원을 발견했습니다. 말들이 낳은 새끼가 자라 또 새끼를 낳으면서 어느새 아메리카의 대평원에는 '무스탕'이라고 알려진 야생의 작은 말이 큰 무리를 이루게 되었습니다.

　　대초원이나 그 인근에 사람들이 살지 않았기 때문에 그곳에 사는 말들은 오랫동안 아무런 방해도 받지 않고 야생 상태로 지냈습니다. 그런데 가끔씩 대초원을 지나는 사람들이 있었습니다. 철도나 자동차가 없던 시대라 초원을 가로질러 여행해야 할 때는 힘 센 말 두 마리가 끄는 사륜 짐마차를 온 가족이 타고 가야 했습니다. 커다란 수레에 캔버스를 씌워 만든 짐마차는 많은 짐을 나르거나 멀리 여행할 때 사용되었습니다. 사람들은 온갖 살림살이를 다 마차에 싣고 다녔는데, 보통은 마차를 끄는 말 외에 밀가루 포대 같은 부피가 작은 짐을 싣는 말 한 마리가 더 있었습니다.

　　당시에 한 가족이 이런 방식으로 초원을 가로질러 이동하고 있었습니다. 아빠, 엄마 그리고 두 명의 아들과 다섯 살짜리 막내딸로 이루어진 가족이었습니다. 포니라고 불리는 늙은 회색 암말이 짐을 나르고 있었는데, 막

내딸 앤은 포니를 무척 좋아했습니다. 가족이 이동할 때 포니는 등에 짐을 싣고서 마차 뒤에서 빠른 걸음으로 따라왔습니다. 앤은 마차의 뒤쪽 끄트머리에 앉아서 포니에게 손을 내밀어 이따금 설탕을 먹여 주기도 하고 머리를 쓰다듬기도 했습니다.

앤은 포니의 등에 타 보는 것이 소원이었습니다. 아빠는 앤이 너무 어려서 말이 갑자기 펄쩍 뛰어오르기라도 하면 떨어져 다칠 수 있다며 허락하지 않았습니다. 하지만 앤은 아빠를 조르며 말했습니다. "보세요. 포니는 양쪽에 밀가루 포대를 하나씩 메고 있잖아요. 무거워서 뛰어오르지 못할걸요. 포대 사이에 앉아 있으면 떨어지지 않을 거예요."

결국 아빠의 허락을 얻어 냈습니다. 아빠는 밀가루 포대 사이에 앤을 앉히고는 계속 길을 갔습니다. 아빠는 앞에서 마차 끄는 말들을 몰고 있었고, 엄마와 두 아들은 마차 안에, 맨 뒤에는 앤이 포니를 타고 있었습니다.

갈 길이 아주 멀기 때문에 아침부터 저녁까지 계속 마차를 몰고 밤에만 세우고 쉬기를 반복했습니다. 처음에 엄마와 오빠들은 자주 마차 밖을 내다보며 앤이 포니의 등에 잘 있는지 확인했습니다. 그때마다 앤이 안전하게 잘 있는 것을 보고는 더 이상 걱정하지 않게 되었습니다. 늙은 암말 포니는 가끔 멈춰 서서 풀을 뜯어 먹다가 마차에 뒤처지기도 했지만, 빠른 걸음으로 금방 따라잡았습니다. 그럴 때면 포니가 속도를 내기 때문에 앤은 신나서 소리를 질러댔습니다. 모든 일이 순조롭게 흘러갔습니다.

그러던 어느 날 네 시간쯤 쉬지 않고 마차를 달렸을 즈음 아빠는 오랫동안 쪼그린 다리를 펴고 잠깐 쉴 겸 마차를 세웠습니다. 그때 가족은 마차 뒤에 따라오고 있어야 할 포니와 그 등에 타고 있던 앤이 사라지고 없다는 것을 깨달았습니다. 아빠와 오빠는 황급히 수레를 끌던 말을 풀어서 올라타고는 왔던 길을 되짚어갔습니다. 포니와 앤을 찾기 위해 이리저리 사방을 주의 깊게 살피며 달렸습니다. 그렇게 한참 동안 왔던 길을 돌아가 보았지만 포니와 앤의 흔적은 어디에서도 찾을 수가 없었습니다. 보이는 것이라곤 마치 바다처럼 사방으로 끝없이 펼쳐진 초원뿐이었습니다. 도대체 포니는 어디로 가 버렸는지, 이 넓은 곳에서 어느 쪽으로 가야 찾을 수 있을지 알 수 없어 그저 막막하기만 했습니다.

　대체 앤에게 무슨 일이 생긴 것일까요? 늙은 암말 포니는 평소와 똑같이 특별히 좋아하는 풀을 발견하자 그 자리에 멈춰 서서 오물오물 풀을 뜯었습니다. 그 사이에 마차는 점점 멀어지고 있었지요. 그런데 평소라면 웬만큼 풀을 뜯은 후 잰걸음으로 마차를 따라잡았을 텐데 오늘은 웬일인지 풀을 다 먹은 뒤에도 갈 생각을 하지 않았습니다. 대신 허공으로 머리를 치켜들더니 코를 벌름이며 킁킁 냄새를 맡기 시작했습니다. 그러고는 마치 누군가에게 신호를 보내는 것처럼 큰 소리로 '히히잉'하더니 마차가 다니는 길을 벗어나 풀이 무성한 들판으로 달려갔습니다.

　앤이 깜짝 놀라서 소리를 질렀습니다. "포니, 뭐 하는 거야? 돌아가! 돌아가!" 그러나 포니는 앤의 소리를 듣는 둥 마는 둥 했습니다. 앤은 도와 달라고 소리쳤습니다. 하지만 가족들이 탄 마차는 벌써 보이지도 않을 만큼 멀리 가 버렸고 앤의 외침을 들을 사람은 아무도 없었습니다. 포니에게는 고삐가 채워져 있지 않았습니다. 물론 고삐가 있었다 하더라도 어린 앤이 고삐를 당겨 포니를 멈출 수는 없었겠지요. 어른 키만큼 높은 포니의 등은 앤이 뛰어내릴 수 있는 높이도 아니었습니다. 기어 내려오는 것조차 불가능했습니다. 포니는 전속력으로 달렸습니다. 마차가 지나다니는 길에서 점점 벗어나 사람이 다니지 않는 초원으로 더 깊이 들어갔습니다. 앤은 포니의 갈기를 꽉 붙잡고 소리를 지르는 것 외에 달리 할 수 있는 일이 없었습니다.

　앤은 포니가 어디로 가고 있는지 짐작도 할 수 없었지만 포니는 자기 목적지를 정확히 알고 있는 것 같았습니다. 얼마쯤 달리다가 이따금 자기가 제대로 가고 있는지 확인이라도 하는 듯 코를 쳐들고 킁킁거렸습니다. 포니가 밀가루 포대와 앤을 등에 태우고 두세 시간을 쉬지 않고 달렸을 무렵 앤은 포니가 가려는 곳이 어디인지 알 수 있었습니다. 처음에는 아주 먼 곳에 수많은 점이 모여 있는 것처럼 보였습니다. 점점 가까이 다가가자 점들이 형체를 갖추기 시작했는데 그것은 야생마 무리였습니다. 얼핏 봐도 수백 마리는 되어 보였습니다. 어마어마한 야생마 무리가 앤의 눈에 들어왔습니다. 그 순간 천둥 같은 말발굽 소리가 들리더니 앤과 포니가 그 무리 한복판에 서 있게 되었습니다. 수백 마리의 야생마에 둘러싸인 것이지요. 앤에게 그때까지 그렇게 두렵고 무서웠던 적은 없습니다. 펄쩍펄쩍 뛰어다니는 말도 있고 껑충껑충 뛰어오르기도 하고 또 어떤 말들은 초원 위를 달리고 또 어떤 말들은 위협하듯 앞다리를 번쩍 치켜들고 큰 소리로 '히이잉' 거리며 울었습니다. 앤과 달리 포니는 기분이 좋은 듯했습니다. 가까이 다가온 야생마들과 포니는 서로 킁킁거리며 냄새를 맡았습니다. 아마도 서로 인사를 하는 것 같았습니다.

앤은 그저 포니의 등에 앉아 있는 것 외에 달리 할 수 있는 일이 없었습니다. 더 이상 울지도 않았습니다. 울어 봤자 주변에 도와줄 사람도 없고 기운만 빠질 뿐이라는 생각이 들었기 때문입니다. 그때 갑자기 예상치 못한 일이 벌어졌습니다. 여태껏 본 적 없는 하얀 수말 한 마리가 앤에게 다가왔습니다. 위풍당당하게 뻗은 목 주위로 하얀 갈기가 휘날렸고 미끈한 다리는 그 어떤 말보다 빠르게 질주할 만큼 강인하게 생겼으며 엉덩이에는 하얀 꼬리가 찰랑이고 있었습니다. 그 말이 다가올 때 다른 말들이 옆으로 물러서서 길을 터 주었는데 마치 왕이 행차하는 광경 같았습니다. 백마는 몸집도 상당히 컸습니다. 앤이 포니의 등에 앉아 있는데도 그 말의 머리를 올려다봐야 할 정도였습니다.

백마가 코를 들이대자 앤은 겁에 질려 온몸이 얼어붙었습니다. 백마는 킁킁거리며 냄새를 맡더니 앞니로 앤이 입고 있는 옷의 뒷덜미를 살며시 물었습니다. 백마는 앤을 들어 포니의 등에서 내린 후 몇 걸음 떨어진 개울로 갔습니다. 그러고는 개울가에 살포시 앤을 내려놓았습니다. 비로소 마음이 놓인 앤은 개울물을 한껏 마셨습니다. 물로 배를 채우고 나자 긴장과 두려움으로 잔뜩 굳었던 몸이 풀어지고 그동안의 피로가 한꺼번에 몰려오면서 앤은 그 자리에 쓰러져 잠이 들고 말았습니다.

앤이 한참 자고 일어나 보니 다음 날 새벽이었습니다. 앤은 주위를 둘러보고 크게 낙담했습니다. 이제 무엇을 해야 하지? 어떻게 하면 가족을 찾을 수 있을까? 주변을 살펴보니 야생마 무리 속에 있는 포니가 보였습니다. 포니가 천천히 다가와 앤을 바라보았습니다. 포니의 눈은 마치 이렇게 말하는 것 같았습니다. "자, 이제 돌아갈 시간이야."

하지만 앤은 혼자 힘으로 포니의 등에 올라탈 수가 없었습니다. 키 작은 앤이 발을 딛고 올라탈 등자가 없으니까요. 그때 또다시 백마가 다가와 어제처럼 앞니로 앤을 들어 포니의 등에 탈 수 있도록 도와주었습니다. 포니는 마치 작별 인사라도 하는 것처럼 큰 소리로 '히히잉'하며 길게 울었습니다. 그러고는 기분 좋게 달리기 시작했습니다.

이 무렵 앤의 가족은 정신없이 앤을 찾아다녔습니다. 밤새 뜬눈으로 헤매고 다녔지만 결국 앤을 찾지 못하자 절망에 빠진 상태였습니다. 바로 그때 또각또각 말발굽 소리가 들려왔습니다. 멀리서 말 한 마리가 오고 있었습니다. 경쾌한 말발굽 소리와 함께 포니가 앤을 태우고 오는 모습을 보았을 때 가족들이 얼마나 환호하며 기뻐했을지 상상이 가지요. 가족들은 포니를 나무라거나 혼내지 않았습니다. 포니가 앤을 데리고 무사히 돌아온 것만으로도 감사했기 때문입니다. 하지만 그 이후로 목적지에 도착할 때까지 앤은 더 이상 말을 타지 않았습니다. 이때 앤은 겨우 다섯 살이었지만 죽을 때까지 이 일은 앤의 기억에 남아 있었습니다. 특히 앤은 자신을 도와준 아름다운 백마를 결코 잊을 수 없었습니다.

코끼리와 말은 완전히 다른 동물이지만 한 가지 공통점이 있습니다. 풀이나 나뭇잎 같은 식물만 먹는다는 점입니다. 소나 염소, 양, 영양, 기린도 마찬가지입니다. 이렇게 식물을 먹고 살아가는 동물을 초식 동물이라고 합니다. 초식 동물은 오직 식물만 먹고 살아갑니다. 다른 동물을 죽여 먹잇감으로 삼지 않습니다. 반면에 세상에는 고기만 먹고 살아가는 육식 동물도 있습니다. 사자나 호랑이, 늑대, 여우, 수달 같은 동물들은 풀을 먹고는 살 수 없습니다. 반드시 다른 동물을 잡아먹어야 합니다. 초식 동물의 이는 육식 동물의 이와 사뭇 다르게 생겼습니다. 초식 동물의 이는 주로 나뭇잎이나 풀을 어금니 사이에 넣고 문질러 갈기에 적합합니다. 인간의 어금니처럼 이가 뭉툭하고 넓적하게 생겼지요. 고기를 먹고 살아가는 육식 동물의 이는 뾰족하고 날카롭습니다. 왜냐하면 그 이로 먹잇감을 물고, 죽이고 또 먹기 좋은 크기로 찢을 수도 있어야 하기 때문입니다. 사지의 생김새도 서로 다릅니다. 식물을 먹고 살아가는 초식 동물은 발굽을 가지고 있거나 코끼리처럼 발바닥이 말랑말랑하고 두꺼운 살로 덮여 있습니다. 날카로운 발톱을 가지고 있지 않습니다. 반면 사자나 호랑이, 늑대는 먹잇감을 사냥하고 죽이려면 날카로운 발톱이 필요합니다. 발톱은 먹잇감을 잘게 찢는 데도 도움이 되지요.

인간의 이는 어떤가요? 인간은 식물과 동물을 모두 먹을 수 있기 때문에 그에 걸맞게 두 가지 종류의 이를 가지고 있습니다. 그래서 인간은 식물로 된 음식을 씹고 갈 수 있는 뭉툭한 이와 고기를 뜯을 수 있는 날카로운 이가 모두 있습니다. 인간은 식물과 동물을 모두 먹을 수 있습니다. 이렇게 식물과 동물을 모두 먹고 사는 것을 잡식성이라고 합니다. 그런데 이 세상에는 인간처럼 식물과 동물을 모두 먹을 수 있는 동물이 있습니다. 이 동물은 과일도 먹고 고기도 먹을 수 있습니다. 바로 곰입니다. 곰은 산딸기 같은 과일을 즐겨 먹고 꿀도 좋아하지만 다람쥐나 토끼, 물고기도 잡아먹습니다.

곰과 사람 사이에 비슷한 점이 또 하나 있습니다. 곰은 아주 자연스럽게 뒷발로 일어설 수 있습니다. 똑바로 일어서서 걷기도 하고 우리가 손과 팔을 쓰는 것처럼 앞다리로 치고받고 때리기도 합니다. 곰의 앞발은 뒷발에 비해 훨씬 짧습니다. 그래서 곰이 네발로 걸을 때면 우리가 네발로 엎드려 걸을 때와 마찬가지로 엉덩이 부분이 머리보다 높이 들립니다. 곰이 뛰거나 빨리 가야 할 때는 네발로 엎드려서 움직입니다. 곰은 뒷발로 일어서서 천천히 걸을 수는 있지만 그 상태로 뛸 수는 없습니다. 뛸 때는 반드시 네발로 엎드려서 가야 합니다.

보다시피 똑바로 일어서고 걷는 게 곰에게는 결코 어려운 일이 아니지만 뛰려고 하면 네 발로 엎드려야 합니다. 곰이 두 발로 서 있을 때는 앞발을 무기로 자유롭게 쓸 수 있습니다. 발톱이 아주 날카로운 데다 앞발로 한번 내리칠 때는 그 힘이 무시무시합니다. 물고기를 물 밖으로 쳐 낼 때도 앞발을 사용합니다. 곰이 앞발로 물고기를 쳐 내면 물고기가 물 밖으로 휙 날아올랐다가 땅으로 떨어집니다. 이따금 새끼 곰들이 앞발로 서로 엉겨 붙어 엎치락덮치락하는 것을 볼 수 있는데, 마치 사내아이 두 명이 씨름을 하는 것 같습니다. 그렇지만 곰은 앞발로 뭔가를 만들지는 못합니다. 이런 면에서 인간의 손과 다릅니다. 곰이 뒷발로 딛고 똑바로 섰을 때 앞발은 싸움을 하고 때리고 또 씨름을 할 수 있는 일종의 무기가 됩니다. 그런데 네발로 엎드리면 앞발은 빠르게 움직이는 다리일 뿐입니다. 그러므로 앞발을 꽤 자유롭게 쓸 수 있는 곰에게 있어서도 사지는 몸통을 위해 일합니다. 몸통을 위해 먹이를 구하고 위험으로부터 도망치도록 돕기 때문입니다. 하지만 새로운 물건을 만들거나 창조할 수는 없습니다. 곰 역시 몸통-동물이지요.

곰은 육지에 사는 육식 동물 가운데 가장 힘이 세고 몸집이 큽니다. 커다란 불곰은 무게가 1톤이 넘을 수도 있습니다. 그런데 우리는 앞에서 이렇게 거대하고 힘이 센 동물과 공통점이 있는 아주 작은 동물을 배웠습니다. 그 동물은 바로 고슴도치입니다. 고슴도치처럼 곰도 동면을 합니다. 동면은 잠을 자면서 겨울을 난다는 뜻입니다. 생각해 보면 정말 신비로운 일입니다. 우리 인간을 생각해 보세요. 물이나 음식을 전혀 먹지 않고서 며칠이나 버틸 수 있을까요. 일은 전혀 하지 않고 그냥 쉬거나 잠만 자더라도 말입니다. 하지만 곰은 몇 개월 동안 겨울잠을 잡니다. 이렇게 잠을 자는 동안에는 먹지도 마시지도 않습니다. 정말 놀랍지요. 어쨌든 겨울이 다가오면 곰은 고슴도치와 아주 비슷하게 행동합니다. 동굴이나 속이 빈 고목 같은 숨을 수 있는 곳을 찾습니다. 그런 다음 이끼나 나뭇잎, 풀을 바닥에 깔아 폭신한 잠자리를 만들고는 그 위에 누워 몇 달 동안 잠만 잡니다.

보다시피 곰은 참 신기한 동물입니다. 사람처럼 식물과 동물을 모두 먹을 수 있고, 똑바로 서고 또 걸을 수 있습니다. 그리고 고양이처럼 나무에 오를 수도 있고, 개처럼 물에서 헤엄칠 수 있으며 고슴도치처럼 겨울잠을 잡니다. 곰은 소처럼 성질이 유순하지만 사납게 변할 때도 있습니다. 그럴 때면 사자나 호랑이처럼 난폭한 맹수가 됩니다. 곰은 여러 동물의 특성이 한데 섞여 있는 것 같습니다.

▲▲▲

영국에서 곰을 볼 수 있는 곳은 동물원뿐입니다. 야생 상태의 곰을 보려면 아주 멀리 가야 합니다. 대략 900년 전에는 스코틀랜드에도 커다란 불곰이 살았습니다. 하지만 숲을 베어 내고 들판을 만들면서 곰들이 죽어 나갔고 이제는 한 마리도 남지 않았습니다. 유럽에서는 러시아에 야생 불곰이 아직 몇 마리 있고, 시베리아와 북아메리카에는 그 수가 좀 더 많습니다. 이런 지역은 여전히 울창한 숲이 남아 있는 곳이지요.

불곰은 숲이 있는 지역에서만 살 수 있습니다. 숲 근처에 사는 농부들에게는 아주 위협적인 존재가 될 수 있으니 조심해야 합니다.

옛날 러시아에서 한 농부가 곰과 마주친 적이 있었습니다. 농부는 나이가 많은 노인이었는데 어느 가을날 혼자 집에 있게 되었습니다. 다른 가족은 소 떼를 몰고 아직 싱싱한 풀이 남아 있는 먼 언덕으로 가고 없었습니다. 그렇게 모두 나가고 농부 혼자 집을 지키고 있었지요. 갑자기 밖에서 암탉이 '꼬꼬댁꼬꼬댁'거리며 마당을 여기저기 뛰어다니는 소리가 들렸습니다. 농부는 무슨 일인가 싶어 밖으로 나가 보았지만 마당에는 아무것도 없었습니다. 집 가까운 곳에 있는 과수원으로 가 보았습니다.

농부는 깜짝 놀랐습니다. 새끼 곰 한 마리가 낑낑대며 자두나무에 올라가고 있는 게 아니겠어요. 맛있는 자두잼을 만들려고 자두가 익기만을 기다렸던 농부는 이제 막 달콤하고 먹음직스럽게 익은 자두를 따 먹으려는 새끼 곰을 보자 벌컥 화가 났습니다. 주변을 살펴보니 마침 풀밭에 막대기 하나가 놓여 있었습니다. 농부는 막대기를 들고 새끼 곰을 때리기 시작했습니다. 새끼 곰은 벌써 나무를 반쯤 기어오른 상태였습니다. 막대기로 두들겨 맞자 낑낑 비명을 지르며 나무에서 내려오려고 했습니다.

바로 그때 농부의 등 뒤에서 '크르렁 크르렁' 거친 숨소리가 들렸습니다. 농부가 돌아보니 숲에서 암컷 곰 한 마리가 농부를 향해 달려오는 게 아니겠어요. 새끼의 비명 소리를 듣고 싸울 기세로 다가오는 어미 곰이 틀림없었습니다. 농부는 겁에 질렸습니다. 집으로 도망가 봤자 집에 도착하기도 전에 곰이 덮칠 것 같았습니다. 그래서 가까이 있는 굵은 나무를 기어오르기 시작했습니다. 물론 새끼 곰이 매달려 있는 자두나무는 아니었지요. 농부가 나무꼭대기까지 기어올랐을 즈음 암컷 곰이 나무 아래까지 왔습니다. 곰은 화가 잔뜩 나 있었습니다! 나무둥치를 이로 물어뜯고 발톱으로 나무껍질을 난폭하게 할퀴었습니다. 그러더니 뒷다리로 벌떡 일어서서는 앞발로 잡히는 대로 나뭇가지를 잡고 부러뜨렸습니다. 농부는 나무꼭대기에 매달린 채 도와 달라고 소리쳤지만 주변에는 아무도 없었습니다. 금방이라도 이 커다란 곰이 자기를 쫓아 올라올 것만 같아 두려움에 떨었습니다.

다행스럽게도 곰이 갑자기 몸을 돌려 새끼가 있는 쪽으로 갔습니다. 마음을 바꾼 듯 싶었습니다. 그 사이에 새끼 곰은 벌써 자두나무에 올라가 우적우적 자두를 먹고 있었습니다. 엄마 곰이 어린 새끼를 따끔하게 혼내야겠다고 생각했는지 자두나무로 가서 큰 소리로 크르렁거렸습니다. 새끼 곰은 재빨리 나무에서 내려왔습니다. 엄마가 꿀밤을 주듯 새끼 곰의 귀를 톡 건드리자 새끼 곰은 끽끽대며 숲으로 달아났습니다. 물론 엄마 곰도 새끼의 뒤를 따라갔지요.

농부는 한참 동안 나무 위에서 꼼짝하지 않았습니다. 엄마 곰이 다시 와서 공격하지 않을까 두려웠기 때문입니다. 하지만 곰은 다시 오지 않았고, 마침내 농부는 나무에서 내려와 쏜살같이 집으로 달려갔습니다. 그날 저녁 가족들이 집으로 돌아와 농부가 겪은 일을 듣고서 얼마나 놀랐을지 상상이 되지요.

우리는 지금까지 인간과 곰 사이에 비슷한 점이 있다는 것을 배웠습니다. 곰도 두 발로 일어설 뿐 아니라 걸을 수도 있다는 것입니다. 하지만 곰은 앞다리로 싸우거나 공격하는 일만 할 수 있을 뿐 뭔가를 만들어 내지는 못합니다. 그런 점에서 곰의 앞다리는 인간의 손과 다릅니다. 인간만이 특별한 손을 가지고 있습니다. 인간의 손은 새로운 물건을 창조할 수 있고 그 물건을 다른 사람에게 줄 수 있습니다. 인간의 손은 몸통이 아닌 머리와 마음이 이끄는 대로 일을 할 수 있습니다. 반면 동물의 사지는 오로지 몸통을 위해서만 일을 합니다.

곰과 맞닥뜨린 제라드와 데니스

앞에서 농부가 곰을 맞닥뜨린 이야기는 곰이나 농부 모두 별 탈 없이 끝났지만 언제나 그런 것은 아닙니다. 몇백 년 전만 하더라도 독일 등 유럽에서는 마을에서 별로 멀지 않은 곳에서 불곰을 볼 수 있었습니다. 지금으로부터 300년 전 독일에서 있었던 일입니다. 젊은이 두 명이 한 마을에서 다른 마을로 걸어서 여행을 하고 있었습니다. 당시에는 걸어서 여행을 하다 보면 위험천만한 일이 흔하게 벌어졌기 때문에 그런 식으로 다른 도시로 가는 사람이 별로 없었어요. 그래서 몇 시간을 걷거나 말을 타도 사람 그림자도 구경 못 하는 경우가 많았답니다. 그런데 사람을 만나는 것도 그리 달가운 일이 아니었어요. 보따리를 몽땅 털어 가는 강도떼일 수도 있거든요. 더군다나 빽빽한 숲을 통과할 때면 늑대나 곰을 만날 가능성도 높았지요. 상황이 이렇다 보니 제라드라는 젊은이는 등에 커다란 석궁을 지니고 길을 나섰던 것입니다. 보통의 활로는 화살을 쏘는 반면 석궁은 방아쇠를 당겨 볼트라고 하는 강철 화살을 쏘는 것으로, 당시에는 아주 쓸모 있는 무기였습니다.

석궁을 맨 제라드와 친구 데니스가 길을 걷고 있었습니다. 숲속으로 들어서자 크고 작은 나무와 수풀이 길 양쪽으로 빽빽하게 늘어서 있었습니다. 나무 뒤 숲에 뭐가 있는지 잘 보이지도 않았습니다. 제라드가 친구에게 말했습니다. "지금부터는 눈과 귀를 크게 열고 정신을 바짝 차려야 해. 이 숲에 산적이 숨어 있다고 들었어. 방심하면 기습을 당할 수도 있어."

두 친구는 사방을 주의 깊게 살피면서 조심조심 걸었습니다. 혹시라도 지나가는 사람을 노리는 산적이나 산짐승이 수풀 뒤에 숨어 있지나 않을까 하여 주변의 움직임이나 소리에 바짝 신경을 곤두세웠습니다. 한동안은 아무리 귀를 쫑긋 세워도 들리는 소리라곤 '바스락 바스락' 나뭇잎이 바람에 흔들리는 소리뿐이었습니다. 바로 그때 갑자기 앞쪽 덤불에서 뭔가가 움직였습니다. 제라드가 얼른 석궁을 겨누며 소리쳤습니다. "거기 누구야. 당장 나와. 나오지 않으면 쏠 테다."

　분명히 덤불 속에서 뭔가 움직이고 있는데 모습을 드러내지 않았습니다. 결국 제라드가 덤불을 향해 석궁을 쏘았습니다. 다음 순간 새끼 곰 한 마리가 튀어나오더니 길바닥에 푹 쓰러졌습니다. 새끼 곰의 옆구리에는 석궁에서 발사된 화살이 박혀 있었습니다. 제라드와 데니스가 가까이 다가갔을 때는 이미 숨이 끊어진 상태였습니다.

　"이런." 제라드가 말했습니다. "근데 데니스, 곰 가죽은 어딘가 쓸모가 있을 거야. 혹시 가죽 벗길 만한 칼 있어?"

　제라드가 미처 말을 마치기도 전에 뭔가가 낙엽을 밟으며 돌진해 오는 소리가 들렸습니다. 뒤를 돌아보니 불과 수 미터 떨어진 곳에서 커다란 어미 불곰이 이쪽으로 달려오고 있었습니다. 거대한 곰을 보는 순간 두 사람은 혼비백산하여 도망쳤습니다. 제라드는 너무 놀라서 석궁도 떨어뜨린 채 가장 가까운 나무를 향해 달렸고, 데니스는 길 건너편에 있는 나무로 달아났습니다. 어미 곰은 먼저 길바닥에 쓰러져 있는 새끼에게로 가서 코를 대고 킁킁거렸어요. 잠시 후 새끼가 죽은 것을 알았는지 어미 곰은 큰 소리로 울부짖었습니다. 그러고 나서 어미 곰은 데니스가 기어오르고 있는 나무로 갔습니다. 앞발을 휙휙 내저으며 데니스를 잡으려고 했으나 이미 잡을 수 없을 만큼 올라간 뒤였습니다. 화가 난 곰은 앞발로 나무 둥치를 '퍽퍽' 찍었습니다. 그러고는 데니스를 뒤쫓아 기어오르기 시작했습니다. 데니스에게는 단검이 있었지만 단검으로는 이렇게 큰 동물을 상대할 수 없었어요. 데니스는 이제 자기는 죽은 목숨이라고 생각했습니다.

　제라드는 친구의 목숨이 경각에 달린 것을 알고 재빨리 나무에서 내려와서는 얼른 석궁에 쇠 화살을 장전한 뒤 데니스가 있는 나무로 달려갔습니다. 나무를 기어오르는 곰의 넓은 등을 향해 방아쇠를 당겼습니다. 쇠 화살이 날아가 꽂혔지만 곰은 꿈쩍도 하지 않았습니다. 하지만 두 번째, 세 번째 화살이 몸에 박히자 곰은 무시무시한 비명을 지르며 제라드를 상대하기 위해 나무에서 내려왔습니다. 곰이 자기에게로 오는 것을 본 제라드는 석궁을 내던지고 다시 나무로 기어올랐습니다. 머리끝까지 화가 치민 어미 곰이

제라드가 기어오른 나무 밑까지 쫓아왔습니다. 굵게 뻗어 나온 나뭇가지에 도달한 제라드는 가지 위를 가능한 한 멀리 기어 나갔습니다. 어마무시하게 큰 어미 곰이 나무 위까지 쫓아오지 않기를 간절히 바라면서 말이지요. 하지만 어미 곰은 고양이처럼 능숙한 솜씨로 나무를 타고 올랐습니다. 어느새 제라드가 매달린 나뭇가지 바로 아래까지 쫓아왔습니다.

이번에는 데니스가 위험에 빠진 제라드를 보고 얼른 나무에서 내려왔어요. 그리고 바닥에 있는 석궁을 집어 들고 곰을 겨냥했지요. 쇠 화살 두 개가 차례로 날아갔습니다. 이번에는 어미 곰의 배에 정확히 박혔습니다. 갑자기 곰이 동작을 멈추더니 '쿵' 하는 둔탁한 소리와 함께 땅바닥으로 떨어졌습니다. 이미 화살을 여러 대 맞아 치명상을 입은 몸으로 그 높은 곳에서 떨어진 것입니다. 그런데도 아직 죽지는 않았습니다. 그래서 제라드가 단검을 꺼내 어미 곰의 심장에 찔러 넣었습니다. 만약 두 친구가 서로서로 돕지 않았다면 틀림없이 두 사람은 산목숨이 아니었겠지요.

회색 곰을 이긴 조랑말 제시

회색 곰은 불곰 중에서도 가장 몸집이 크고 힘이 셉니다. 지금부터 들려줄 이야기는 제시라는 작은 조랑말이 회색 곰을 물리친 이야기입니다. 옛날에 캐나다에서는 사냥꾼이 산에서 사냥을 할 때 조랑말을 탔다고 해요. 조랑말은 비록 몸집은 작지만 힘이 세서 험한 산길을 누비고 다니기에 적합했거든요. 제시의 주인은 사냥꾼 마크였어요. 마크는 튼튼하고 힘센 제시를 타고 산속을 돌아다니면서 사냥을 합니다. 며칠 동안 한 무리의 산양 주위를 맴돌며 사냥할 기회를 노리고 있습니다. 산양 한 마리를 잡으면 고기도 넉넉하게 얻을 뿐 아니라 멋진 뿔도 한 쌍 챙길 수 있으니 일석이조입니다. 사냥할 때 마크는 한동안 멀리서 산양 무리를 지켜보다 어느 쪽으로 접근하면 좋을지 결정합니다. 산양 무리에 최대한 가까이 갈 수 있는 길을 찾는 것이지요.

이 야생 동물을 사냥할 때는 아주 가까이 다가가지 않아도 총을 쏠 만한 거리만 확보하면 충분합니다. 마크가 제시를 타고 절벽 근처에 있는 한 무리 산양을 발견했습니다. 좁다란 산길을 따라 올라가서는 조용히 지켜보다 산양 한 마리를 겨냥하고 총을 발사했습니다. 주변에 있던 산양들이 총소리에 놀라 사방으로 달아났고 총에 맞은 산양은 가파른 절벽 아래로 떨어졌습니다. 내려다보니 그 산양은 절벽 밑바닥까지 그대로 떨어지지 않고 중간에 툭 튀어나온 바위에 걸려 있었어요. 미동도 없이 쓰러져 있는 것으로 보아 이미 죽은 것 같았습니다. 하지만 절벽에서 끌어올릴 수 없다면 그림의 떡일 뿐이지요. 이제 마크는 어떻게 해야 할까요?

마크는 길고 튼튼한 밧줄을 가지고 온 걸 떠올렸습니다. 절벽 위로 가서 밧줄 한쪽 끝을 바위에 단단히 묶은 후 다른 끝을 절벽 아래로 늘어뜨리면 산양이 있는 곳까지 길이가 충분할 것 같았습니다. 마크는 절벽에서 좀 떨어진 곳에 제시와 권총을 놓아두고 밧줄을 챙겨 절벽 끝으로 갔습니다. 계획대로 바위에 밧줄을 묶고 절벽 아래로 밧줄을 타고 내려갔습니다. 일단 바위에 도달하면 산양을 밧줄로 동여맨 후 다시 절벽 위로 올라가서 산양을 끌어올릴 작정이었지요. 계획대로라면 그렇게 되었을 것입니다. 그러나 바위에 마크가 막 발을 디뎠을 때 위쪽에서 거친 숨소리가 들렸습니다. 위를 올려다보니 화가 많이 나 보이는 거대한 회색 곰 한 마리가 절벽 끝에 서 있었습니다. 회색 곰은 당장이라도 잡아먹을 듯이 무서운 눈길로 마크를 내려다보고 있었습니다. 절벽 근처 동굴에 새끼를 둔 어미 곰인 것 같았어요. 커다란 총소리와 놀란 산양이 흩어져 도망가는 소동이 어미 곰을 화나게 한 게 분명했습니다. 어미 곰은 누군가 자기 새끼를 공격한다고 여겼을 것입니다.

마크는 이러지도 저러지도 못하는 처지가 되었습니다. 성난 어미 곰이 당장 앞발로 내리칠 기세로 기다리고 있는 절벽으로 올라갈 수도, 15m나 되는 낭떠러지인 절벽 아래로 내려갈 수도 없습니다. 그렇다고 그 바위에 계속 있을 수도 없습니다. 살을 에는 듯한 바람이 매섭게 불고 있어서 오래 버틸 수 없기 때문입니다. 이제는 꼼짝없이 죽었구나 생각하며 절망에 빠져 있을 때 제시가 '히이잉'하고 우는 소리가 들렸습니다. 마크는 생각했습니다. '불쌍한 제시, 울음소리를 듣고 이제 곰이 그쪽으로 갈 텐데. 빨리 달아나, 제시!'

회색 곰은 정말로 방향을 돌려 제시를 향해 성큼성큼 걸어갔습니다. 그런데 제시는 달아나기는커녕 아주 엉뚱한 행동을 했습니다. 몸을 돌려 곰에게 엉덩이를 내밀고 가만히 서 있는 게 아니겠어요? 곰은 이게 웬 떡이냐 했겠지요. 먹잇감이 등을 돌리고 있을 때 뒤에서 다가가 사냥하는 일은 누워서 떡 먹기니까요. 회색 곰이 막 앞발로 제시의 옆구리를 덮치려고 할 때였습니다. 갑자기 제시가 뒷발로 힘껏 곰을 걷어찼습니다. 두 발을 한꺼번에 공중으로 번쩍 치켜들어 쇠편자가 박힌 발굽으로 곰을 걷어찬 것입니다. 제시의 발굽은 정확히 곰의 머리를 강타했습니다. 사람 머리를 그 정도로 차면 박살이 날 것입니다. 하지만 곰은 두개골이 훨씬 더 단단해서 깨지지는 않고 큰 충격을 받은 정도였습니다. 화가 난 곰이 뒷발로 벌떡 일어서자 제시가 다시 한번 뒷발로 걷어찼습니다. 이번에는 제시의 발굽이 가슴에 꽂혔고 곰은 뒤로 벌렁 자빠졌습니다. 그 정도로 충분했습니다. 곰은 비명을 지르며 달아났습니다.

마크는 비록 볼 수는 없지만 무슨 일이 벌어지고 있는지 모두 들을 수 있었습니다. 곰이 달아난 걸 알고 재빨리 밧줄을 잡고 올라갔습니다. 산양을 끌어 올리는 일이나 밧줄을 챙기는 일은 안중에도 없었습니다. 마크는 죽을 뻔한 처지에서 자기를 구해 준 제시에게 달려갔습니다. 그러고는 제시의 등에 올라타고 전속력으로 달아났습니다. 괜히 꾸물거리다가는 곰이 다시 올 수도 있으니까요.

사자 <u>13</u>

　　이번 시간에는 동물의 왕이라 할 수 있는 사자를 살펴보겠습니다. 사자는 사실 몸집이 큰 대형 고양잇과 동물입니다. 매우 힘이 세서 다른 동물을 사냥하거나 다른 동물과 싸울 때는 아주 무시무시하게 변합니다. 그런 경우를 제외하면 대부분의 시간을 평온하게 쉬면서 보냅니다. 아주 담대하고 두려움이 없는 사람을 우리는 '사자 같은 사람'이라고 합니다. 옛날에 아주 유명한 왕이 있었는데, 어찌나 용맹스러웠던지 사람들은 그를 '사자왕'이라고 부르며 칭송했더랬지요. 다른 고양잇과 동물들은 갈기가 없는 반면 다 자란 수사자는 갈기가 있습니다. 위풍당당한 움직임과 커다란 머리에 갈기까지 휘날리는 수사자의 모습은 그야말로 장엄하기까지 합니다. 그 자태를 보면 사람들이 왜 사자를 동물의 왕이라고 하는지 여러분도 그 이유를 알 수 있을 것입니다.

　　사자는 몸이 온통 단단한 근육으로 이루어져 있습니다. 덕분에 굉장히 빠른 속도로 달릴 수도 있고 멀리 도약할 수도 있습니다. 한 번 뛰어오르는 것으로 버스 길이 정도는 거뜬히 이동할 수 있지요. 발은 어찌나 큰지 한번 휘둘러 사람을 치면 저만치 나가떨어집니다. 입으로 씹는 힘도 무시무시합니다. 사자는 어금니로 뼈를 우적우적 씹어 먹을 수 있습니다. 우리가 샐러리 줄기를 씹는 것만큼 쉬운 일입니다. 커다란 사자가 '크헝'하고 크게 포효할 때는 그 소리가 마치 천둥소리처럼 몇 킬로미터나 멀리 떨어진 곳까지 울려 퍼집니다. 주변의 모든 동물에게 자기 존재를 알리며 경고를 하는 듯합니다. 온몸이 단단하고 강한 근육질이라면 움직임이 굼뜨고 느릴 것이라고 생각할 수 있지만 사자는 전혀 그렇지 않습니다. 사자의 움직임에는 우아함과 유연함이 깃들어 있습니다. 엄청난 힘과 탄력을 발휘할 뿐 아니라 몸에 힘을 빼고 완전히 이완하는 것도 가능합니다.

사자는 대형 고양잇과에 속한 동물입니다. 호랑이, 표범, 살쾡이 등 다른 고양잇과 동물들이 주로 혼자 있는 것을 좋아하는 반면 사자는 무리를 이루어 함께 살아갑니다. 한 무리에는 수사자 두 마리, 암사자 여섯 마리 그리고 새끼들이 포함되어 있어 모두 합하면 대략 스무 마리쯤 됩니다.(사자 한 무리를 '프라이드 pride'라고 합니다) 수사자보다 암사자의 수가 더 많지만 언제나 몸집이 크고 다 자란 수사자가 우두머리가 됩니다. 우두머리 사자가 담당하는 주된 임무는 하이에나와 같은 위험한 외부 침입자로부터 무리를 보호하고 영토를 지키는 일입니다. 그뿐만 아니라 내부에서 호시탐탐 우두머리 자리를 노리는 다른 수사자들도 막아 내야 하는데 그럴 때는 아주 격렬한 싸움이 벌어집니다. 무리 가운데 가장 크고 힘이 센 수컷끼리 일인자 자리를 놓고 맞붙는 것이기 때문입니다.

한낮의 열기가 뜨겁게 달아오르면 사자들은 여러 마리가 모여 함께 늘어져 있는 것을 좋아합니다. 사자들이 어슬렁거리며 돌아다니거나 다른 사자와 의사소통할 때는 작은 소리로 으르렁거리거나 그렁그렁 소리를 냅니다. 우리들이 친구나 가까운 사람을 만났을 때 손을 잡고 흔들거나 팔을 벌려 안아 주는 것처럼, 사자들은 서로 머리나 목을 비비고 코를 문지르며 반갑게 인사합니다. 집에서 기르는 고양이가 몸을 청결하게 가꾸는 데 많은 시간을 들이는 걸 본 적이 있지요. 고양이는 까칠까칠한 혀로 온몸의 털을 구석구석 정성 들여 핥아 몸을 깨끗하게 합니다. 사자도 고양이처럼 몸을 청결하게 합니다. 하지만 고양이와 달리 사자는 혼자서 자기 몸을 핥는 것보다 서로 상대의 몸을 핥아 주는 것을 좋아합니다. 사실 자기 목이나 머리는 혼자서 핥을 수 없으니까요. 이렇게 사자들은 서로서로 핥아 주고 또 어미는 새끼를 핥아 줍니다. 이런 방식으로 사자들은 자기 몸을 깨끗하게 유지하고 털을 고르게 다듬을 뿐 아니라 무리 특유의 냄새를 무리 안에 두루두루 퍼뜨리고 공유합니다. 어미 사자는 새끼를 핥아 주면서 주둥이로 다정하게 툭툭 치며 애정을 표시하곤 합니다. 그러면 새끼들은 응석을 부리듯이 목구멍에서 가르랑가르랑 소리를 내거나 쌕쌕거리며 화답하지요. 사자들은 얼굴에 감정을 드러낼 수도 있습니다. 사자는 자기 의사나 느낌을 밖으로 표현할 줄 아는 동물입니다.

그늘을 발견하기만 하면 사자들은 그 아래 드러누워 쉬는 것을 좋아합니다. 나무 아래나 덤불 아래가 그런 곳이겠죠. 누워서 몸을 쭉 뻗거나 둥글게 맙니다. 가끔은 옆에 있는 사자를 베개 삼아 그 위에 머리를 얹고 가만히 눈을 감고 쉽니다. 암사자들과 새끼들은 수사자 없이 많은 시간을 보냅니다. 같은 무리의 암사자들은 서로 가족이나 친척 사이입니다. 자매도 있고 딸도 있고 이모도 있습니다. 그래서 다 자란 암사자들은 서로 도우며 함께 일합니다. 그렇다고 무리 전체가 항상 똘똘 뭉쳐서 붙어 다니지는 않습니다. 새로운 모험을 하거나 먹잇감을 찾아다니기도 하는데 그럴 때는 영역 안에서 혼자서 혹은 둘이 짝을 지어 돌아다닙니다.

야생 사자는 대부분 아프리카에 삽니다. 그중에서도 사바나라고 하는 드넓고 광활한 초원 지대에서 살고 있습니다. 사바나는 대부분의 지역이 평지로 이루어져 있는데, 평평한 땅이 수 킬로미터에 걸쳐 드넓게 펼쳐져 있습니다. 그 광활한 곳에는 큰 나무나 키 작은 관목이 한두 그루씩 드문드문 자랄 뿐 숲은커녕 대여섯 그루가 모여 있는 경우도 드뭅니다. 사바나 기후는 비가 내리는 우기와 건조한 건기로 나누어집니다. 우기는 짧은 반면 건조하고 비가 내리지 않는 건기는 오래 이어집니다. 건기에 사바나는 사막 같은 상태가 되어 풀이 푸르고 싱싱한 상태가 아니라 사자의 털처럼 누런 갈색이 되면서 거칠고 뻣뻣해집니다. 군데군데 우기 때 만들어진 물웅덩이가 남아 있습니다. 뜨겁고 메마른 시기를 지나는 동안 생명수 같은 물 한 방울을 얻기 위해 각종 동물들이 물웅덩이로 몰려듭니다. 사자들도 마찬가지이지요. 하지만 사자는 물뿐만 아니라 먹잇감도 사냥할 요량으로 웅덩이로 갑니다. 사바나에는 영양, 누, 물소, 얼룩말과 같이 풀을 먹고 사는 발굽 동물들이 크게 무리 지어 살아갑니다. 그 동물들을 사냥하며 살아가는 사자, 표범, 치타 등 포식 동물은 그 수가 훨씬 적습니다. 이 외에도 사바나에는 새들과 뱀, 원숭이, 하이에나, 기린, 코뿔소 같은 다른 동물들도 많이 서식합니다.

먹이 사냥

날이 더울 때 사자는 누워서 휴식을 취합니다. 고양이처럼 온몸을 쭉 뻗거나 동그랗게 말고 누워 있습니다. 어린 새끼들은 가만히 있으려 하지 않습니다. 큰 사자들이 뜨거운 열기에 누워 쉬고 있는 동안 그 주변을 폴짝폴짝 뛰어다니지요. 서로 쫓아다니기도 하고 잡고 뒹굴며 놀기를 좋아합니다. 사자가 뜨거운 한낮에 잠을 자고 있는 것을 보면 이런 생각이 들 수도 있습니다. '사자는 정말 게으른 동물이구나.' 사자들은 몇 시간이고 그냥 누워 있습니다. 누워서 빈둥거리며 잠을 자기도 하고 휴식을 취합니다. 하루의 대부분을 쉬거나 자면서 보내는 것이 사실입니다. 하지만 가족을 위해 먹이를 구하러 사냥을 나갈 때가 되면 완전히 달라집니다. 해가 저물고 한낮의 열기가 식을 무렵이면 슬슬 움직이기 시작하지요.

자리에서 일어나 입을 크게 벌려 하품을 합니다. 온몸의 근육을 쭉 펴서 기지개를 켜고 발톱에 힘을 줍니다. 이제 사냥에 나설 준비가 되었습니다. 사자는 사실 언제든지 사냥을 할 수 있지만 한낮의 열기를 피해 서늘해진 때를 좋아합니다. 해 질 무렵이나 깜깜한 밤도 좋아하지만 특별히 새벽을 선호합니다. 사자를 비롯한 모든 고양잇과 동물들은 빛이 거의 없는 어둑어둑한 곳에서도 잘 볼 수 있습니다. 심지어 인간 눈에는 칠흑같이 어두워 하나도 보이지 않을 때도 잘 봅니다. 아주 작은 소리도 들을 수 있을 만큼 청각이 예민하고 후각도 뛰어납니다. 사실 최고의 사냥꾼은 암사자입니다. 암사자는 수사자보다 몸집이 더 작고 날렵합니다. 온 무리가 함께 먹잇감을 쫓을 때 그 사냥이 성공하느냐 마느

냐는 암사자의 기술과 인내심, 그리고 집중력에 달려 있습니다.

암사자가 영양이나 누를 사냥하는 모습을 지켜보면 경탄할 수밖에 없습니다. 어떤 동물도 그렇게까지 사냥에 집중하지는 못합니다. 암사자는 자기가 맡은 임무에 온 정신을 쏟습니다. 주변에서 어떤 일이 벌어지든지 시선을 딴 데로 돌리지 않고 한순간도 방심하지 않습니다. 시선을 먹잇감에 딱 고정하고 있기 때문에 다른 것은 눈에 보이지도 않습니다. 사자도 발바닥이 폭신해서 걸을 때 소리가 나지 않습니다. 암사자가 풀을 뜯고 있는 초식동물 무리로 살금살금 다가가는 모습은 놀라울 따름입니다. 배가 땅에 쓸릴 정도로 몸을 납작하게 낮추고 다리를 구부립니다. 아주 천천히 그리고 신중하게 한 발 한 발 앞으로 나아갑니다. 움직이는 모습이 얼마나 유연하고 매끄러운지 풀밭 위를 스르르 미끄러지는 것 같습니다. 얼룩말이 어쩌다 암사자가 있는 쪽을 쳐다보기라도 하면 암사자는 그 자리에서 꼼짝도 하지 않습니다. 얼룩말이 고개를 돌릴 때까지 발가락 하나 까딱하지 않습니다. 암사자는 한 발짝 한 발짝 아주 느리고도 집요하게 얼룩말에게 다가갑니다. 갑자기 돌진하지도 않고 아무 소리도 내지 않습니다. 놀랍게도 암사자는 몇 시간이고 이런 식으로 접근할 수 있을 만큼 참을성이 있습니다.

시간이 얼마나 걸리든 이렇게 웅크린 자세로 걸어가려면 대단히 근력이 좋고 사지의 움직임이 자유로워야 합니다. 앞에서 본 것처럼 사자는 강하고 힘이 센 동물입니다. 그러면 여러분은 이런 의문이 생길 수 있습니다. 암사자는 엄청나게 빨리 달릴 수 있는데 왜 이렇게 고생스럽게 사냥을 할까? 그냥 영양을 쫓아가서 잡아 버리면 되지 않을까? 왜 굳이 많은 시간을 들여 이렇게 웅크린 채 살금살금 다가가는 걸까? 사자는 분명히 매우 빨리 달릴 수 있고 또 멀리까지 도약할 수 있습니다. 하지만 오랫동안 그렇게 지속할 수는 없습니다. 단거리 경주를 뛰는 달리기 선수를 생각해 보세요. 그런 선수들은 굉장히 빨리 달립니다. 하지만 금방 지치고 숨이 가빠 헐떡거리지요. 사자는 이런 근육질의 단거리 선수와 비슷합니다. 순식간에 폭발적인 힘을 쓸 수는 있지만 그 상태를 오래 유지하지는 못합니다. 하지만 얼룩말이나 영양 같은 발굽 동물은 오래 달릴 수 있는 지구력이 있습니다. 영양은 사자만큼 빠르지는 않지만 사자보다 훨씬 더 오래 달릴 수 있는 힘이 있습니다. 말이 얼마나 오래 달릴 수 있는지 생각해 보세요. 몇 킬로미터를 한 번도 쉬지 않고 계속 달릴 수 있습니다. 그러니 발굽 동물은 장거리 달리기 선수에 가까워서 단거리에서는 그다지 빠르지 않지만 먼 거리를 달릴 때는 능력을 발휘할 수 있습니다. 얼룩말이나 영양이 초반에 잡히지만 않으면 사자의 추격을 따돌리고 무사히 도망가는 일이 비일비재합니다. 그렇기 때문에 사자가 사냥을 할 때는 먹잇감이 전혀 눈치채지 못하게 살금살금 움직여 최대한 가까이 다가가는 것이 아주 중요합니다. 그러다가 마지막에 먹잇감을 향해 달려드는 순간 힘을 폭발시켜 전력 질주를 하는 것입니다.

사냥할 때도 암사자들은 여럿이 서로 협력해서 일을 합니다. 얼룩말이나 영양 무리가 풀을 뜯고 있을 때 암사자들은 멀찍이 띄엄띄엄 흩어져 그 주위를 둘러쌉니다. 풀은 초식 동물에게는 먹이지만 사자에게는 사냥을 할 때 몸을 숨길 수 있는 엄폐물입니다. 암사자 몇 마리가 키 큰 풀숲에 몸을 숨기고 기다립니다. 둥그렇게 둘러싼 원의 반대편에 있는 암사자들이 튀어나와 풀숲으로 영양을 몰아갑니다. 그러면 숨어서 기다리던 암사자들이 튀어나오고 다른 암사자들이 합세해 사냥감을 잡습니다. 암사자들은 사냥감 위로 몸을 날려 앞발로 움켜쥐고는 바로 숨통을 끊습니다. 이렇게 사냥한 먹잇감은 온 무리가 나눠 먹습니다. 사자는 한 번에 어마어마한 양을 먹는 대식가입니다. 한 끼에 자그마치 고기 25kg을 먹어 치웁니다. 그렇게 잔뜩 먹고 나면 졸음이 몰려와서 한동안 누워 있어야 합니다. 이렇게 쉬는 동안 먹은 것을 소화합니다.

자연이 무척 잔인해 보일 때도 있지만 사실은 보기에만 그렇습니다. 사람들은 얼룩말이 사자에게 잡혔을 때 스스로 '체념'한다는 것을 알게 되었습니다. 즉, 얼룩말이 살려고 발버둥치지 않고 스스로 저항을 멈추는 것입니다. 그러다 재빨리 사자를 쫓아내면 마치 죽은 것처럼 늘어져 있던 동물이 멀쩡히 살아서 도망간다는 것을 알게 되었지요. 스코틀랜드의 탐험가 데이비드 리빙스턴David Livingstone(1813~1873)은 사자에게 공격을 당한 적이 있습니다. 다행히 늦지 않게 구출되어 자기가 겪은 일을 들려주었는데 그 이야기가 굉장히 흥미롭습니다. 리빙스턴은 사자가 으르렁거리며 이로 자기를 물고는 개나 고양이가 생쥐를 흔드는 것처럼 흔들었다고 했습니다. 사자에게 물릴 때 리빙스턴은 큰 충격과 두려움에 휩싸였는데, 그때 아주 희한한 일이 일어났다고 합니다. 사자가 자기를 물고 흔드는 동안 두려움이 사라지고 아무런 고통도 느낄 수 없었다고 합니다. 마치 꿈을 꾸면서도 의식은 깨어 있는 것과 같았습니다. 마음이 아주 평온해지더니 저항할 마음도 전혀 들지 않았습니다. 하지만 당시에 벌어지고 있는 일은 모두 인식하고 있었습니다. 그때 친구들이 부리나케 달려와 사자를 쫓아낸 덕분에 리빙스턴은 목숨을 건졌습니다. 리빙스턴은 눈앞에서 사자를 보았던 그 일을 결코 잊을 수가 없었는데, 다른 동물도 사자에게 잡혔을 때 자기처럼 고통이나 두려움을 느끼지 못하는지 궁금해했습니다.

사냥을 하는 사자와 잡아먹히는 얼룩말은 적대적인 것처럼 보이지만 보기에만 그럴 뿐입니다. 만약 사자처럼 사냥을 하는 동물이 없다면 초원은 곧 풀을 먹고 사는 초식 동물로 넘쳐날 것입니다. 그러면 먹을 풀이 부족해지겠지요. 이런 일이 벌어진다면 많은 초식 동물이 굶어 죽게 될 것입니다. 그런데 사바나는 사자조차도 살아가기 어려운 곳입니다. 사냥에서 한 마리도 잡지 못하고 돌아와 쫄쫄 굶는 때도 많습니다. 그렇기 때문에 사자의 수도 그렇게 지나치게 많아질 수가 없습니다. 이렇듯 자연의 지혜는 모든 것이 균형을 이루도록 해 줍니다.

새끼 사자

새끼들의 양육을 책임지는 건 어미 사자입니다. 새끼를 출산할 때가 임박하면 어미 사자는 무리에서 떨어져 조용한 곳에 은신처를 마련합니다. 바위틈이나 덤불 사이가 될 수도 있고 큰 풀숲에 숨은 구덩이가 될 수도 있습니다. 갓 태어난 새끼들은(2~3마리 혹은 4마리일 수도 있습니다) 몸집도 작고 혼자서는 아무것도 할 수 없습니다. 아직 눈도 뜨지 못한데다 이도 없습니다. 3주 정도 지나야 걸을 수 있습니다. 다 자란 사자는 몸에 점이나 줄무늬가 없지만, 새끼 사자는 희미한 점이 일정한 무늬를 이루고 있다가 자라면서 차츰 사라집니다.

사바나는 매우 위험한 곳이기 때문에 어미 사자는 보금자리를 자주 옮깁니다. 예를 들면 주위를 어슬렁거리는 하이에나는 새끼 사자를 아주 맛있는 먹잇감으로 생각하기 때문에 재빨리 달려들어 낚아챌 수도 있습니다. 그렇다고 어미 사자가 항상 새끼 곁을 지키고 있을 수는 없습니다. 먹이를 얻기 위해 사냥을 나가야 하니까요. 어미 사자가 새 보금자리로 새끼를 옮길 때면 새끼의 목덜미를 입으로 물고 집어 듭니다. 그렇게 물고 새 보금자리로 나릅니다. 사냥을 할 때 암사자의 이는 아주 힘이 세고 날카롭지만 지금은 최대한 힘을 빼고 부드럽게 새끼를 물고 있습니다. 새끼들도 아주 편안한 것 같습니다. 엄마에게 몸을 맡긴 채 느긋하게 긴장을 풀고서 내려가려고 버둥거리지도 않습니다. 새끼들이 어느 정도 자라면(두 달 정도 지났을 무렵) 어미 사자는 다른 새끼들이 모여 있는 곳으로 새끼 사자를 데리고 갑니다. 그곳에서 같은 무리에 속한 어미 사자들은 서로 도와 가며 공동으로 새끼들을 양육합니다. 새끼 사자들은 다른 암사자의 돌봄을 받으며 자기 엄마와 있을 때만큼 행복하고 편안해합니다. 처음에 새끼들은 오직 엄마 젖만 먹고 지내지만 6주쯤 지나면 잘게 자른 고기 조각을 먹이로 받습니다. 3개월 무렵 이가 나기 시작하면 점점 더 많은 고기를 먹을 수 있습니다. 6개월이 지나면 젖을 완전히 떼고 오직 고기만 먹고 살게 됩니다.

새끼 사자가 충분히 자랐을 때 어미 사자는 무리가 사냥해

온 동물이 있는 곳으로 새끼를 데려갑니다. 거기서 새끼들은 자기 힘으로 뼈에서 고기를 뜯어 먹는 법을 배웁니다. 새끼들은 앞니로 먹이를 야금야금 갉아 먹고 까끌까끌한 혀로 뼈에 붙은 고기를 핥아 먹습니다. 한 살이 되면 새끼들은 아주 특별한 날을 맞이합니다. 태어나서 처음으로 암사자들과 함께 사냥을 나가는 날이거든요. 처음에는 암사자들이 사냥하는 것을 그냥 지켜보기만 합니다. 하지만 몇 차례 더 사냥을 따라나서면서 점차 조용히 숨어 있는 법과 끈기 있게 집중하는 법 그리고 살금살금 사냥감에게 접근하는 법을 배웁니다. 하지만 새끼 사자들이 사냥에서 실질적인 역할을 하려면 1년은 더 배워야 합니다. 새끼들은 서로 어울려 놀면서도 많은 것을 배웁니다. 서로 장난치고 놀면서 쫓고 잡고 때리는 것뿐만 아니라 상대가 다치지 않게 살짝 무는 법도 배우지요.

새끼가 자라 3살 정도 되면 암사자와 수사자의 운명이 달라집니다. 어린 암사자들은 계속 무리에 머물 수 있지만 이제 갈기가 자라기 시작한 수사자는 무리를 떠나야 할 때가 된 것입니다. 어느 날 엄마, 아빠 사자가 으르렁거리며 어린 수사자를 멀리 쫓아 보냅니다. 쫓겨난 수사자는 그때부터 혼자서 살아가야 합니다. 가혹하게 보이지만 그렇게 해야 합니다. 왜냐하면 언젠가는 어린 수사자도 자기 가족을 꾸려야 하고 새로운 곳에서 자신의 무리를 이끌어야 하기 때문이지요.

요즘에는 많은 사자가 사바나에 있는 넓은 야생 동물 보호 구역에서 살고 있습니다. 이곳에서는 동물을 사냥하거나 동물에게 해를 가하는 것이 금지되어 있습니다. 탄자니아의 세렝게티,

케냐의 마사이마라는 오늘날 사자가 거주하는 대표적인 야생 동물 보호 구역입니다. 그런데 무엇 때문에 이렇게 야생 동물을 보호하는 특별한 구역이 필요할까요? 오래전에는 인간이 자연에서 아주 작은 역할만 수행하며 동·식물들과 함께 어울려 살았습니다. 하지만 오늘날 인간은 농업과 어업 그리고 각종 산업 활동을 통해 자연에서 벌어지는 일에 커다란 영향을 미치고 있습니다. 이 영향이 긍정적일 때도 있습니다. 인간이 식물과 동물을 도울 수 있으니까요. 하지만 인간이 자연의 균형을 무너뜨리고 의도치 않게 큰 해를 끼칠 때가 더 많습니다. 예를 들어 오늘날 사자의 수는 예전보다 훨씬 줄었습니다. 야생 동물들이 수천 년 동안 살아온 대로 앞으로도 살아갈 수 있도록 보호하는 것이 점점 더 우리의 책임이 되고 있습니다. 오늘날 많은 사람이 국립공원을 비롯한 여러 곳에서 다양한 방법으로 이를 실현하기 위해 노력하고 있습니다.

동물의 왕이라고 불리는 사자는 집에서 기르는 고양이의 친척입니다. 우리가 집에서 기르고 싶어 하는 또 다른 동물이 있지요. '인간의 가장 친한 친구'로 알려진 개입니다. 개는 야생 동물인 늑대와 가까운 친척입니다. 사자를 제외한 고양잇과 야생 동물들은 혼자 지내고 혼자 사냥합니다. 같은 동물끼리 무리 지어 살지 않고 독립적으로 사는 걸 좋아합니다. 그런데 늑대는 무리를 지어 살아갑니다. 그렇기 때문에 개는 고양이와는 사뭇 다른 반려동물입니다. 개는 같은 집에 사는 사람들이 자기와 같은 무리에 속한다고 생각하며, 누가 무리를 이끄는지 알고 싶어 합니다. 자기를 키우는 사람이 무리의 우두머리로서 모든 것을 결정할 권한이 있다는 것을 알아야 안심하고 지낼 수 있습니다. 그래서 개는 고양이보다 더 쉽게 훈련을 받아들입니다. 사냥견, 경비견, 마약 탐지견, 양몰이 개 그리고 시각 장애인을 위한 안내견(개의 가장 놀라운 능력이지요) 등 개들은 다양한 분야에서 사람들과 함께 일하고 있습니다.

인간과 개는 수천 년 동안 함께 살아왔습니다. 그런데 시각 장애인을 위한 안내견이 가능하다고 생각하게 된 것은 겨우 백 년 전입니다. 처음 이런 제안이 나왔을 때 많은 사람이 터무니없는 농담으로 여겼습니다. 앞을 못 보는 사람이 개의 목줄에 매달려 개가 이끄는 대로 이리저리 끌려다니는 광경을 한번 상상해 보세요. 길에서 다른 동물을 만나면 쫓아가느라 바쁘고, 나무가 있는 곳마다 멈춰 서서 킁킁거릴 텐데 시각 장애인을 어떻게 인도할 수가 있겠어요! 그러나 적절한 개를 찾아서 제대로 훈련을 시키기만 한다면 충분히 가능하다고 생각하는 사람도 있었습니다.

그 무렵 모리스 프랭크Morris Frank(1908~1980)라는 시각 장애인이 미국에 살고 있었습니다. 모리스는 미국에 최초로 안내견 훈련 학교를 세운 사람입니다. 모리스는 태어날 때부터 앞을 보지 못한 게 아니라 사고로 시력을 잃었습니다. 6살 때였습니다. 말을 타고 나뭇가지가 낮게 드리워진 곳을 지나가게 되었습니다. 말은 가지 밑을 가뿐하게 지나갔지만 모리스는 나뭇가지에 걸려 오른쪽 시력을 잃고 말았습니다. 10년 후 16살이 되었을 때 권투 시합에 나간 모리스는 상대방의 주먹에 머리를 크게 얻어맞는 바람에 왼쪽 시력마저 잃고 말았지요. 시력을 완전히 잃는다는 것은 혼자서는 아무것도 할 수 없다는 걸 의미했습니다. 어디로 가거나 무엇을 하려고 하면 반드시 도와주거나 안내해 줄 사람이 있어야 했습니다. 머리를 자르러 가더라도 누군가가 이발소에 데려다주어야 했습니다. 머리를 다 자른 후에도 그 사람이 다시 와서 데리고 갈 때까지 한 시간이든 두 시간이든 기다려야 했습니다. 나이를 먹어 갈수록 모리스를 받아 주는 일자리도 많지 않았습니다. 당시 사람들은 시각 장애인이 혼자서 할 수 있는 일이 별로 없다고 생각했기 때문입니다.

그러나 모리스는 투지가 강한 사람이었습니다. 현재의 상황에 안주할 생각이 전혀 없었지요. 남들이 하는 걸 하면서 자신도

남들처럼 평범한 삶을 살겠다고 결심했습니다. 항상 다른 사람에게 의존하며 살고 싶지 않았습니다.

그러던 어느 날 그의 삶을 완전히 바꾸어 놓을 만한 일이 일어났습니다. 몇 년 전에 1차 세계대전이 일어나 수천 명의 젊은이가 전쟁터에서 부상을 당했는데 그중에는 시력을 잃은 사람도 많았습니다. 바로 그때 독일에서 시각 장애인을 위한 안내견 훈련이 시작되어 모리스가 스무 살이 된 그 즈음에는 꽤 순조롭게 진행되고 있었습니다. 같은 무렵 도로시 유스티스Dorothy Harrison Eustis(1886~1946)라는 미국인이 스위스에 살고 있었습니다. 도로시는 미국에서 발행되는 <포스트>라는 잡지에 안내견에 관한 글을 기고하면서 안내견 훈련을 소개했습니다. 모리스의 인생을 뒤바꾼 그 사건은 춥고 습한 11월의 어느 날 길모퉁이에서 신문을 팔던 남자의 외침으로 시작되었습니다. "이봐, 프랭크. 이번 주 <포스트>에 자네 눈이 휘둥그레질 만한 기사가 있어. 시각 장애인에 관한 기사야."

모리스는 그 잡지를 집으로 가져가 아버지에게 기사를 읽어 달라고 했습니다. 기사 제목은 '싱 아이The Seeing Eye'였습니다. 아버지가 읽어 주시는 기사를 들으면서 모리스의 마음은 점점 흥분되기 시작했습니다. 놀라운 안내견에 대해 들었을 때는 마침내 새로운 희망으로 가슴이 부풀어 올랐습니다. '바로 이거야! 지금까지 내가 기다려 왔던 게!' 모리스는 조금도 주저하지 않고 곧바로 유스티스 부인에게 편지를 썼습니다. 자신만의 안내견도 물론 갖고 싶었지만 미국에 안내견 훈련 학교를 만들고 싶은 생각도 동시에 들었습니다. 모리스의 편지를 받은 도로시 유스티스는 모리스의 제안을 심각하게 고민하지 않을 수 없었습니다. 비록 안내견 훈련 학교를 방문하고 그 기사를 쓰긴 했지만 도로시가 직접 안내견을 훈련한 것은 아니었기 때문입니다. 하지만 도로시는 모리스를 돕겠다는 큰 결단을 내리고 스위스로 그를 초청하는 편지를 보냈습니다.

이렇게 해서 모리스가 배를 타고 대서양을 건너는 날이 왔습니다. 이 일은 결코 만만한 일이 아니었습니다. 모리스 같은 시각 장애인은 보통 사람들처럼 자유롭게 여행하는 것이 금지되었거든요. 모리스가 배를 탈 수 있는 길은 화물 운송 회사인 '아메리칸 익스프레스'에서 모리스를 화물처럼 운송하는 방법밖에 없었습니다. 실제로 화물처럼 포장되지는 않았지만 담당자와 줄곧 함께 다녀야 했고 밤에는 꼼짝없이 방안에 갇혀 있어야 했습니다. 물론 이 모든 것이 모리스의 안전을 위한 것이었지요. 배를 타고 긴 여행을 하는 동안 외롭기도 하고 풀이 죽기도 했지만 안내견이 생기면 모든 게 완전히 달라질 거라는 기대로 버텼습니다. 그때는 다른 사람의 도움 없이 가고 싶은 곳은 어디든 갈 수 있을 테니까요.

긴 여행 끝에 배가 프랑스에 도착했습니다. 하지만 스위스로 가기 위해서는 또 다른 힘든 여정을 거쳐야 했습니다. 마침내 모리스가 스위스 브베의 기차 플랫폼에 발을 내디뎠습니다. 따스한 햇살 속에 시원한 봄바람이 느껴졌습니다. 그때 어디선가 유쾌한 목소리가 들려왔습니다. "프랭크 씨, 오셨군요"

모리스를 마중 나온 도로시 유스티스였습니다. 도로시가 모리스의 손을 잡고 흔들었습니다. 수석 훈련사 잭도 도로시와 함께 왔습니다. 잭은 모리스의 손을 잡고 다정하게 웃으며 말했습니다. "지금까지 받았던 소포 중에 제일 큰 소포군요!"

너무나 반갑게 맞아 주는 두 사람 덕분에 모리스는 여행의 피로를 잊을 만큼 기분이 좋아졌습니다. 시간 가는 줄 모르고 이야기를 나누다 보니 순식간에 유스티스 부인의 집에 도착했습니다. 이 집은 모리스가 앞으로 5주 동안 지낼 곳이자 안내견 훈련이 이루어질 곳이었지요. 길고 험한 여정을 혼자 감당하기 위해 큰 용기를 내야 했던 모리스는 이제 자신의 꿈이 정말로 실현될 것만 같았습니다.

훈련 과정

잭은 모리스가 도착하기 전에 이미 모리스에게 줄 개 한 마리를 훈련시키고 있었습니다. 독일셰퍼드 암컷이었습니다. 잭은 모리스와 개가 처음 만나는 순간부터 좋은 친구가 되기를 바랐습니다. 그래서 둘이 만나기 전에 모리스에게 고기 조각을 건네주며 자기가 개를 데리고 들어오면 반갑게 맞아 주라고 했습니다. 잭은 고기를 먹여 주고 온몸을 쓰다듬으면서 말을 건네라고 당부한 다음 개를 데리러 갔습니다. 잠시 후 잭이 개와 함께 방으로 들어오는 듯한 발소리가 들렸습니다.

"안녕." 모리스가 다정하게 말을 건넸습니다. 개가 모리스의 손에 놓인 고기를 먹기 시작하자 주둥이의 부드러운 감촉이 느껴졌습니다. 모리스는 먼저 개의 머리를 가볍게 쓰다듬은 다음 손바닥으로 등을 따라 털을 쓸어내렸습니다. 벨벳같이 부드러운 귀부터 살랑살랑 흔들리는 꼬리까지 느껴졌습니다. 이미 다른 이름이 있었지만 모리스는 이 개를 '버디'라고 부르고 싶었습니다. 그 때부터 '버디'가 개의 새로운 이름이 되었지요.

모리스가 제일 먼저 배워야 할 것은 가슴줄을 채우는 법이었습니다. 안내견에게 적합한 가슴줄이 따로 있습니다. 시각 장애인은 안내견과 아주 밀착된 상태로 움직여야 하므로 일반적인 목줄로는 안 됩니다. 시각 장애인은 안내견이 왼쪽 혹은 오른쪽 어느 방향으로 가는지, 속도를 높이는지 늦추는지, 머뭇거리는지 앉아 있는지를 단번에 감지할 수 있어야 합니다. 모리스는 처음에 가슴줄을 채우는 일이 몹시 서툴렀습니다. 조심한다고 했지만 버디의 눈을 찌르고, 끈으로 버디의 귀를 조이거나 발을 밟았습니다. 하지만 참을성 많은 버디는 불평하거나 반항하지 않고 잘 견뎌 주었습니다. 모리스는 어서 훈련을 시작하고 싶어 안달했지만 잭은 버디가 아직도 잭을 주인으로 여기고 있어서 안 된다고 했습니다. 무엇보다 모리스를 새로운 주인으로 받아들이는 게 중요했습니다. 실제로 버디는 잭을 볼 때만 살랑살랑 꼬리를 흔들었습니다.

모리스는 버디가 자신의 안내견이 될지 안 될지는 자신이 얼마나 정성을 들이는지에 달려 있다는 것을 깨달았습니다. 그래서 직접 버디를 돌보는 법을 배우기 시작했습니다. 먹이를 주고, 털을 손질하고, 버디에게 필요한 모든 일을 자기가 도맡아 했습니다. 그러자 조금씩 버디가 모리스 곁에 머물기 시작했습니다. 모리스의 방에 있는 깔개에서 잠을 자고 모리스가 식사하는 동안 식탁 밑에 앉아서 기다렸습니다. 이제 모리스와 버디는 어디든 함께 다니게 되었습니다. 버디가 잘했을 때 "잘했어."라고 칭찬하는 것도 잊지 않았습니다.

이제 처음으로 버디에게 가슴줄을 채우고 함께 훈련하는 때가 왔습니다. 모리스는 버디 옆에 서서 지시를 했습니다. "앞으로 가."

그때 모리스가 잡고 있던 가슴줄의 손잡이가 갑자기 앞으로 확 당겨졌습니다. 모리스와 버디는 함께 문이 있는 쪽으로 빠르게 달려갔습니다. 갑자기 버디가 멈추는 바람에 모리스는 중심을 잃고 넘어질 뻔했습니다. 잭이 외쳤습니다. "버디가 지금 걸쇠의 위치를 알려주고 있어요!"

모리스는 버디의 등에서부터 코까지 손을 더듬더듬 움직였습니다. 교실에서 선생님이 칠판 위의 글자를 가리키듯이 버디가 걸쇠를 가리키고 있다는 것을 알았습니다. 잭은 곁에서 큰 소리로 모리스가 해야 할 일을 가르쳐 주었습니다. "똑바로 서세요. 어깨를 펴고 머리를 드세요. 앞을 똑바로 보며 자신 있게 걸으세요. 보폭을 크게 하고 가슴줄을 제대로 잡으세요."

모리스는 잭의 지시를 따르는 동시에 버디가 무엇을 하고 있는지도 감지해야 했습니다. 그러기 위해서는 가슴줄의 움직임에 세심한 주의를 기울여야 했지요. 앞을 향해 똑바로 걷기만 해서는 별로 도움이 되지 않습니다. 안내견이 이끄는 대로 정확히 따라갈 수 없다면 안내견이 있은들 무슨 소용이 있을까요. 한꺼번에 기억해야 할 것이 아주 많았습니다. 버디의 모든 움직임이 손잡이를 통해 모리스에게 전해졌습니다. 버디와 함께 거리를 성큼성큼 걷는 일은 정말 멋진 경험이었습니다. 아주 오랜만에 빠른 속도로 멀리까지 걸었습니다.

한번은 셋이서 케이블카를 타고 마을로 내려갔습니다. 잭은 모리스 곁에서 버디가 무엇을 하는지 계속 설명해 주었습니다. 주변에서 많은 소리와 냄새가 한꺼번에 밀려왔습니다. 잭은 계속 지시를 내렸고 새로 배워야 할 것이 너무나 많았습니다. 모리스는 버디가 얼마나 똑똑한 개인지 깨닫기 시작했습니다. 버디는 장애물이 있으면 돌아가도록 이끌면서 모리스가 다치지 않도록 늘 조심했습니다. 심지어 자신은 쉽게 지나갈 수 있는 나뭇가지도 모리스를 위해 피해서 지나갔습니다. 몇 시간 후 그들은 집으로 돌아왔고 모리스는 의자에 털썩 주저앉았습니다. 모든 피로가 한꺼번에 몰려왔습니다. 발은 여기저기 상처가 나 있었고 다리도 아프고 팔도 욱신거렸습니다. 가슴줄을 팽팽하게 잡고 있느라 등도 뻐근하게 통증이 느껴졌습니다. 하지만 이런 통증과 아픔은 얼마든지 견딜 수 있었습니다. 모리스는 너무나 뿌듯하고 행복했습니다.

이것은 시작에 불과했습니다. 모리스는 버디가 받았던 훈련을 하나도 빠짐없이 배워야 했습니다. 지난 몇 년 동안 모리스는 갖가지 나쁜 습성을 길러왔거든요. 똑바로 서지 못하고 자세는 늘 구부정했으며, 짧은 걸음걸이로 주춤주춤 걸었습니다. 전반적으로 늘 더듬거리고 자신감이 없었습니다. 그래서 그다음 며칠 동안 혹독한 훈련이 이어졌고 잭은 이따금 모리스를 매우 단호하고 엄격하게 대했습니다.

그러던 어느 날 잭이 이제부터는 모리스 혼자 이 모든 것을 해야 한다고 말했습니다. 자신이 여전히 모리스 옆에 있기는 하겠지만 앞으로는 결코 지시도 하지 않고 도와주지도 않을 것이라고 했습니다. 결국 모리스가 스스로 배운 내용을 떠올려 실행해야 하는 것이지요. 말을 마치고 모두 문을 향해 출발했습니다. 버디가 멈춰 섰지만 모리스는 제대로 주의를 기울이지 못한 탓에 문기둥에 그대로 가서 부딪쳤습니다. 많이 아팠지만 잭이 그냥 웃기만 하자 모리스는 기둥에 살짝 스쳤을 뿐 별일 아닌 것처럼 애써 웃으며 계속 걸어갔습니다.

평소처럼 버디가 케이블카의 계단 앞에서 멈췄습니다. 하지만 이번에도 모리스는 너무 늦게 대응하는 바람에 중심을 잃고 넘어지면서 무릎을 쾅 부딪치고 말았습니다. 잭이 다시 웃었습니다. 이제 모리스는 속에서 화가 슬슬 치밀어 오르기 시작했습니다. '앞 못 보는 사람을 이렇게 대하다니 너무한 거 아냐?' 그들은 케이블카 안에 자리를 잡았습니다. 모리스는 버디가 바닥에 엎드릴 때 버디의 발이 통행에 방해가 되지 않도록 살펴야 했지만, 짜증이 나는 바람에 그만 잊고 말았습니다. 잭이 일부러 버디의 발을 살짝 밟자 버디가 낑낑거렸습니다. 그제야 모리스가 벌떡 일어나 버디를 황급히 자기 무릎 아래쪽으로 밀어 넣었습니다. 진작 이렇게 했어야 했지요. 잭은 아무 말도 하지 않았습니다. 모리스는 화가 나면서도 풀이 죽었습니다. '잭은 왜 나를 비웃었을까? 왜 옆에서 내가 넘어지는 걸 보고만 있었지? 나한테 직접 가르치지 않고, 왜 아무 잘못 없는 버디의 발을 밟느냐 말이야?'

이런 식으로 훈련이 계속되자 모리스는 결국 화가 부글부글 끓어올랐습니다. 너무 화가 난 나머지 버디에게 제대로 집중할 수가 없었습니다. 모리스는 사람들 틈에서 이리저리 부딪치고 물건에 걸려 넘어지기도 했습니다. 버디의 소리에 귀를 기울이지 않아서 거의 차에 치일 뻔하자 그제야 비로소 정신이 번쩍 들었습니다. 하지만 집으로 돌아왔을 때도 여전히 화가 풀리지 않았습니다. 화가 나면서 기분이 우울하기도 했습니다. "입맛이 없어요."라고 하고는 자기 방으로 올라가 버렸습니다. 모리스가 침대에 걸터앉자 버디가 들어와서 깔개에 배를 대고 조용히 엎드렸습니다.

잠시 후 '똑똑'하고 문을 두드리는 소리가 나더니 누군가 문을 열었습니다. "들어가도 될까요?" 하는 잭의 목소리가 들렸습니다.

잭은 모리스의 기분을 충분히 이해하고 있었습니다. 결코 쉬운 일이 아니라는 것을 처음부터 잘 알고 있었기 때문입니다. 모리스 옆에 앉아서 잭이 말했습니다. "자, 모리스. 오늘 진짜 힘들었지요. 그런데 제가 계속 옆에서 도와주면 버디를 의지하는 법을 배우지 못할 거예요. 이제부터는 저를 의지하시면 안 돼요." 잭은 모리스에게 이번이 안내견 훈련을 배울 유일한 기회라는 것을 잊지 말라고 했습니다. 그리고 나중에 미국에 돌아가서 안내견 학교를 세우면 얼마나 많은 시각 장애인을 도울 수 있을지 생각해 보라고 했습니다. 모리스의 손에 미래가 달려 있는 것이지요.

잭이 방을 나가며 문을 닫는 소리가 들렸습니다. 모리스는 기분이 몹시 우울했습니다. 모든 일이 잘될 거라고 꿈꿨던 자신이 얼마나 어리석었던지. 정작 자신은 안내견과 협력하는 법을 배우지 못하면서 미국에서 훈련 학교를 열 수 있다고 생각한 것은 또 얼마나 바보 같은 생각이었는지.

깊은 절망에 빠진 모리스는 모든 걸 포기하고 싶었습니다.

그때 누군가 침대 위로 올라오는 게 느껴졌습니다. 귓가에서 킁킁거리는 소리가 들렸습니다. 모리스의 마음을 다 알고 있다는 듯이 버디가 모리스의 뺨을 부드럽게 핥아 주었습니다. 모리스는 버디를 두 팔로 끌어안았습니다. 그리고 더 이상 자신을 자책하지도 불쌍히 여기지도 않기로 했습니다. '그래, 내일 다시 해 볼 거야.' 그러다 생각을 바꿨습니다. '아니, 그게 아니지. 나 혼자 하는 게 아니라 버디와 함께 도전하는 거야!'

다시 미국으로

그렇게 훈련은 계속되었습니다. 모리스는 두 번 다시 포기하겠다는 생각을 하지 않았습니다. 그때부터 훈련에도 매일 조금씩 진전이 있었습니다. 몇 주 후 모리스는 몰라볼 정도로 다른 사람이 되었습니다. 버디 옆에서 당당하게 머리를 들고 힘차게 걸을 수 있게 되었습니다. 전에 없던 자신감이 흘러넘쳤지요. 어느 날 머리가 너무 길어진 것을 깨닫고 누군가에게 시내로 데려가 줄 수 있는지 물었습니다. 우연히 그 이야기를 들은 유스티스 부인이 말했습니다. "모리스, 버디와 둘이 다녀오지 그래요? 이젠 다른 사람이 필요 없을 것 같은데요."

그래서 모리스는 버디와 함께 집을 나섰습니다. 케이블카를 타고 시내로 들어갔습니다. 거리를 통과하면서 길가에 있는 익숙한 장소들을 알아보았습니다. 모리스와 버디는 움푹 패어 있는 웅덩이와 땅 위로 툭 튀어나온 돌부리를 피하면서 걸었습니다. 보도를 오르내리고 길을 몇 번 건너자 미용실이 나타났습니다. 모리스는 자리에 앉아 머리를 잘랐고 버디는 그의 발밑에 앉아 기다렸습니다. 머리를 다 자른 후 다시 집으로 돌아왔습니다. 더 이상 다른 사람의 도움에 기댈 필요가 없어졌습니다. 자립을 향해 한 걸음 더 내디딘 것이었지요.

이제 버디는 모리스를 주인으로 여겼고 잭은 필요 이상으로 끼어들지 않도록 조심했습니다. 어느 날 잭과 모리스가 버디를 데리고 시내로 갔다가 집으로 돌아오고 있었습니다. 좁다란 길을 따라 모리스가 버디와 앞에서 걷고 잭은 멀찍이 거리를 두고 따라가고 있었습니다. 모리스는 매우 기분이 좋았습니다. 그런데 갑자기 이상한 소리가 들려왔습니다. 뭔가 무거운 것이 덜커덩거리며 굴러가는 소리와 쇠발굽이 요란하게 땅에 부딪치는 소리 같았습니다. 그 소리는 점점 더 커지더니 나중에는 실제로 땅이 흔들리는 게 느껴질 정도였습니다. 고삐가 풀린 말이 제멋대로 날뛰고 있다는 짐작이 들었지만 어떻게 피해야 할지 몰랐습니다. 그 순간 가슴줄의 손잡이가 홱 당겨졌습니다. 버디가 모리스를 도로 밖으로 힘껏 당긴 다음 길옆의 흙 비탈로 끌어올렸습니다. 바로 다음 순간 거센 콧바람을 내뿜으며 동물들이 쿵쾅거리며 지나가는 소리와 무거운 짐마차가 빠르게 구르는 소리가 바로 옆에서 들렸습니다. 잠시 후 잭이 숨을 헐떡이며 달려왔습니다. “괜찮아요? 하마터면 큰일 날 뻔했어요.” 마차에 치어 죽을 뻔한 모리스를 버디가 재빨리 구해 낸 것입니다.

이제 모리스와 버디가 미국으로 돌아갈 때가 되었습니다. 모리스는 다시 한번 배를 타고 대서양을 건넜습니다. 하지만 고국으로 돌아가는 길은 유럽으로 올 때와는 매우 달랐습니다. 모리스는 버디 덕분에 많은 친구를 사귈 수 있었습니다. 사람들이 모리스를 붙잡고 말을 건넸습니다. "개가 정말 사랑스럽네요." 그렇게 대화가 시작되었습니다. 이번에는 배 위에서 어디든 자유롭게 갈 수도 있었습니다. 버디와 함께라면 밤늦은 시간까지 사람들을 만나고 쉽게 객실로 돌아갈 수 있었습니다.

배가 뉴욕 항에 도착했을 때 그곳에는 기삿거리를 얻을까 싶어 신문 기자들이 모여 있었습니다. 모리스는 기자들과 이야기할 기회가 생기자 버디가 얼마나 놀라운 일을 할 수 있는지 기자들에게 들려주었습니다. 하지만 기자들은 전혀 믿지 않는 눈치였습니다. 그중 한 기자가 말했습니다. "그러니까 당신이 개와 함께라면 어디든 갈 수 있다는 말이죠?"

"예. 그렇습니다." 모리스가 대답했습니다. "버디는 나를 어디로든 데려갈 수 있습니다."

"그렇다면 웨스트 스트리트 도로도 건널 수 있겠네요." 라고 기자가 말했습니다. 사람들 사이에서 헉하고 놀라는 소리가 났지만 모리스는 당황하거나 주춤하지 않았습니다. "가시죠." 하고 모리스가 말했습니다.

웨스트 스트리트를 건너는 일이 얼마나 위험한지 아는 몇몇 기자가 모리스를 말렸습니다. 그 도로는 폭이 넓고 지나다니는 차량도 많을 뿐 아니라 건널목이 없어서 심각한 교통사고가 많기로 유명한 곳이었습니다. 모리스도 위험한 건 알았지만 안내견 학교를 시작하려면 언론에 잘 보이는 일이 얼마나 중요한지도 잘 알고 있었습니다. 이번이 어쩌면 첫 번째 시험대라 할 수 있는데 만약 성공하지 못하면 다음 기회가 언제 올지 장담할 수 없었습니다.

모리스와 버디 그리고 기자들은 웨스트 스트리트 인도 끝에 멈춰 섰습니다. 모리스는 심호흡을 한 번 크게 하고는 버디를 향해 말했습니다. "가자, 버디."

모리스는 버디가 교통 상황을 주의 깊게 살피는 것을 느낄 수 있었습니다. 잠시 후 버디가 걸음을 떼었습니다. 부릉부릉 요란한 엔진 소리, 귀청이 찢어질 듯 울리는 경적 소리, 타이어가 '끼이익'하고 멈추는 소리가 곳곳에서 들렸습니다. 자동차들이 내뿜는 뜨거운 배기가스의 냄새가 코로 들어왔고, 커다란 트럭이 옆을 지나쳐 가는 게 느껴졌습니다. 성난 운전자들이 모리스를 향해 고함을 지르고 욕설을 퍼부었습니다. 하지만 버디는 침착하게 모리스를 이끌었습니다. 빠르게 걸었다가 조금 느리게 걸었다가 걷는 속도를 조절하면서 잠깐 멈추었다가 다시 걷기도 했습니다. 온갖 소음과 혼돈에 휩싸여 당황한 모리스는 방향 감각을 완전히 잃고 버디에게 전적으로 의지할 수밖에 없었습니다. 하지만 놀랍게도 버디는 마치 스위스의 시골길을 걷는 것처럼 침착하게 자기 일을 수행하고 있었습니다. 길게만 느껴졌던 시간이 지나고 (실제로는 3분밖에 걸리지 않았지만) 모리스와 버디는 웨스트 스트리트를 무사히 건넜습니다. 모리스는 무릎을 꿇고 앉아 버디를 꼭 끌어안으며 말했습니다. "잘했어! 정말 잘했어!" 진정 마음에서 우러나오는 말이었습니다.

잠시 후 그 기자가 달려왔습니다. "정말 해냈군요! 당신이 해낼 줄은 진짜 몰랐습니다. 저는 여기까지 택시를 타고 돌아서 왔거든요."

나머지 기자들은 아직 도로 반대편의 아까 그 자리에서 한 발짝도 움직이지 못하고 있었습니다. 다음 날 모든 신문에 이 이야기가 실렸습니다. 기사를 본 뉴욕 시민들은 이 놀라운 개를 자기 눈으로 직접 보고 싶어 안달을 했습니다.

얼마 후 모리스는 고향으로 돌아가 만족스러운 삶을 살기 시작했습니다. 그 어느 때보다도 친구들과 어울려 즐거운 시간을 보냈고 사업에도 재능을 발휘하여 보험 판매원으로 성공을 거두었습니다. 고객들은 모두 버디를 반갑게 맞아 주었고 보험도 기꺼이 가입했습니다. 머지않아 모리스는 <싱 아이Seeing Eye>라고 하는 안내견 학교를 열 수 있었습니다.

유스티스 부인과 잭이 모리스를 돕기 위해 스위스에서 왔습니다. 곧 새 학교에 두 명의 학생이 생겼습니다. <싱 아이> 학교는 오늘날까지 존속하고 있으며 현재까지 수만 명의 시각 장애인에게 도움을 주고 있습니다. 하지만 학교를 설립할 당시에는 까마득히 먼 미래의 일로 느껴졌지요. 처음에는 훈련할 만한 개를 찾는 것부터 어려움을 겪었습니다. 안내견은 특별한 기질을 갖추고 있어야 합니다. 너무 얌전해도 안 되고 너무 공격적이어도 안 됩니다. 아주 총명해야 하고 차분하며 사람을 잘 따라야 합니다. 그 기준을 충족하는 몇 마리 안 되는 개를 데리고 훈련을 시작할 수밖에 없었습니다. 개와 학생 모두를 훈련시킬 수 있는 적절한 훈련사를 찾는 것도 어려운 과제였거든요.

모리스와 버디는 전국을 돌아다니며 강연을 하면서 새로운 학교를 널리 알렸습니다. 많은 청중이 모였지만 사실은 전부 버디를 보러 온 것이었습니다. 강연에서 모리스와 버디는 어떻게 서로 협력하는지 시연해 보였는데 이는 사람들이 한 번도 본 적

없는 놀라운 광경이었습니다. 버디가 모리스를 이끌고 강연장을 돌아다니고 또 모리스의 지시를 따르는 모습을 보고도 자기 눈을 믿을 수 없었습니다. 심지어 모리스가 시력을 잃어 앞을 못 본다는 것도 의심했습니다. 버디를 헷갈리게 하면 어떻게 되는지 보려고 모리스 몰래 강연장 주위에 장애물을 갖다 놓기도 했습니다. 하지만 버디는 결코 곤경에 빠지지 않았습니다. 한 번에 목적지까지 갈 수 없을 때는 돌아서 가는 다른 길을 찾아내곤 했습니다. 많은 곳을 돌아다녀야 했고 쉽지 않은 작업이었지만 모리스와 버디는 마냥 즐거웠습니다. 모리스가 가슴줄을 들고 있으면 버디가 달려와 몸을 꿈틀거리며 혼자서 가슴줄 속으로 들어갔습니다.

어느 날 모리스가 시카고에 볼 일이 있었습니다. 처음 가 보는 시카고에서 가스 회사가 있는 건물을 찾아야 했습니다. 몇 구역을 지났는지 세어 가면서 버디와 함께 걷고 있었습니다. 근처까지 온 것 같았지만 확실하지 않아서 지나가는 사람을 붙잡고 물어보았습니다. 그러자 어이없다는 투로 대꾸했습니다. "지금 사람 놀리는 거예요? 눈이 멀었어요? 바로 코앞에 있잖아요!"

모리스가 가슴줄을 고쳐 잡고 버디에게 건물로 들어가라는 지시를 내리려는 순간 지나가던 다른 사람이 모리스를 붙잡고 물었습니다. "실례지만 가스 회사가 어디 있는지 아십니까?" 모리스는 내심 뿌듯함을 느끼며 이렇게 말하지 않을 수 없었습니다.

"무슨 문제라도 있어요? 눈이 멀었어요? 바로 앞에 있잖아요!"

하지만 모리스와 버디가 맞서 싸워야 할 중대한 문제가 남아 있었습니다. 그 당시는 개를 데리고 비행기나 기차를 타는 게 금지되어 있었고 가게나 식당에도 들어갈 수 없었습니다. 어느 곳을 가든 '개 출입 금지'라고 쓰인 팻말이 걸려 있었습니다. 하지만 모리스가 포기할 리가 없지요. 시각 장애인의 권익을 위해 계속해서 싸워 나갔습니다. 몇 년 동안 싸우기도 하고 설득하기도 한 끝에 마침내 시각 장애인들이 안내견을 동반하고 모든 공공장소에 출입할 수 있게 되었습니다.

모리스와 버디는 10년 동안 함께 지냈습니다. 그동안 둘이 함께 겪은 모험을 다 들려주려면 몇 달이 걸려도 부족할 것입니다. 개들은 사람만큼 오래 살지 못합니다. 오랫동안 바쁘게 자기의 임무를 수행한 버디도 나이가 들어 더 이상 예전만큼 활동할 수 없는 때가 다가왔습니다. 어느 날 비행기에서 계단을 내려오다가 갑자기 버디가 힘없이 주저앉았습니다. 모리스는 버디의 삶이 막바지에 이르렀다는 사실을 사람들에게 보여 주고 싶지 않았습니다. 그래서 아무도 눈치채지 못하게 가슴줄로 버디의 몸을 지탱해 주었습니다. 그러나 돌아오는 비행기를 탈 때는 버디 혼자서 계단을 올라갈 수가 없어서 다른 사람들이 안고 올라가야 했습니다. 공항에 도착했을 때는 여느 때와 마찬가지로 사진 기자들이 모리스와 버디를 찍기 위해 기다리고 있었습니다. 하지만 기력이 다해 힘들어하는 버디를 보자 조용히 카메라를 내려놓고 앞장서서 버디를 옮기는 일을 도왔습니다. 그리고 버디의 모습을 보고 모두 슬퍼하며 안타까워했습니다. 그 누구도 (냉정하고 거칠기로 유명한 몇몇 기자마저도) 늙고 쇠약한 버디의 모습을 사진에 담으려 하지 않았습니다.

버디는 얼마 더 살지 못했습니다. 집에 돌아온 버디는 맥없이 풀썩 주저앉았습니다. 그리고 이렇게 말하는 듯했습니다. "나는 모리스를 집까지 안전하게 데려왔어요. 내 할 일을 완수했어요." 버디는 마지막 힘을 다해 눈물범벅이 된 모리스의 얼굴을 부드럽게 핥아 주고는 영원한 휴식에 들어갔습니다.

모리스는 생을 마칠 때까지 여러 안내견과 함께했습니다. 하지만 그의 마음속에는 언제나 버디가 가장 특별한 존재로 자리 잡고 있었습니다. 여러 해가 지난 후 사람들의 권유로 모리스는 자신의 삶과 <싱 아이>를 시작하게 된 이야기를 책으로 썼습니다. 모리스는 책의 제목을 '모리스 프랭크의 생애' 같은 식으로 짓지 않았습니다. '싱 아이의 첫 번째 친구'▪라는 제목을 붙였지요. 첫 번째 친구는 당연히 든든한 조력자이자 동료였던 버디이지요.

▪ 『First Lady of the Seeing Eye』(Henry Holt 1957)

수업을 위한 동물 노래

신의 권능을 찬양해

바다표범의 노래

나는야 코끼리

나 는 코 끼 리 제일 힘 세 지 내가
나 는 코 끼 리 냄새 잘 맡 지 재
코 나 팔 을 불 자 지 혜 롭 고
가 는 길 막는 이 없 다 네
미 나 는 모험 이 한 가 득
굳 - 센 우 린 코 끼 리

코끼리
Elephant

추천의 글

우미자[■]

푸른씨앗에서 또 한 권의 좋은 길잡이 책이 나왔다. 찰스 코박스의 『발도르프학교의 식물학 수업』에 이어 『발도르프학교의 동물학 수업』이 출간됐다. 교사에게 말쑥하게 잘 정리된 자료는 건축가가 집을 지을 때 필요한 질 좋은 재료와 도구들과 같다. 한국에서 발도르프 교육이 시작된 지 20년이 훌쩍 넘었지만 꽤 오랜 동안 많은 교사가 발을 동동거리며 바쁜 선배들 찾아 정보를 구하고 흩어진 자료를 모아 공부를 해 온 수고로운 시간들이 있었다. 푸른 씨앗에서 발간하는 교사들을 위한 책들은 그 시간과 애씀에 토닥토닥 등을 토닥이며 "그동안 고생했습니다."라고 말해 주는 것 같다.

[■] 2011년 푸른숲발도르프학교에서 담임 교사를 시작하여 8년 담임 과정을 마치고 지금은 같은 학교에서 두 번째 8년 과정 중 6학년 담임 교사로 근무 중이다.

어디든 가지고 다니며 조금 더 우아하게 수업 준비를 할 수 있다고 생각하니 한결 마음이 가볍고 발도르프 교육에 들어서는 젊은 후배 교사들에게도 당당하게 자료집이 아니라 책을 권할 수 있으니 기분이 좋다.

기쁘다. 그동안 공들였던 시간과 수고를 이제 아이들을 위해 쓸 수 있게 되었다. 주기 집중 수업▪이 끝날 즈음 모든 발도르프 교사가 매번 감탄하면서 하는 말이 있다. "정말 대단한 교과 과정이다. 수업 주제가 정말 절묘하게 아이들의 발달 과정에 맞닿아 있다!" 그중에서도 동물학 수업에 대한 이야기는 단연 으뜸이다.

발도르프학교에서 4, 5학년 때 배우는 동물 이야기는 여러 가지로 특별한 의미가 있다. 10살이 지나면 아이들은 땅을 딛고 우뚝 서서 세상 밖으로 탐험을 떠난다. 수업을 준비하는 교사 또한 마찬가지다. 동물이라는 새로운 세계에 흥미를 갖고 빠져들어야 아이들이 좋아하는 동물의 세계를 이해하고 함께 동행할 수 있다. 4학년 아이들은 어느 때보다도 호기심에 가득 찬 반짝거리는 눈빛으로 교사가 준비한 이야기를 듣는다. 그러고 나면 아이들이 표현하는 예술 작품들에 고스란히 그 몰입과 배움의 흔적이 남는다. 아이들의 그림과 글, 밀랍과 찰흙 작품 들을 보며 교사들은 가르치고 배우는 기쁨을 느낀다.

▪ 발도르프학교의 특징적인 수업 형태. 에포크 수업이라고도 한다. 한 과목을 매일 100~120분씩 3~4주 동안 집중적으로 배우고 다른 과목으로 넘어간다.

거듭해서 읽을수록 각각의 동물 이야기들 속에서 발견하는 기쁨 또한 크다. 샘물이 퐁퐁 솟듯 읽을 때마다 새로운 것들을 발견할 수 있다. 수업을 준비하며 각 이야기마다 품고 있는 전체 주제, 장면, 문장, 낱말들을 잘 살피며 읽은 뒤에 이야기 얼개를 짠다. 책을 덮고 눈을 감은 채 도입, 전개, 결말에 이르기까지 한 편의 영화를 만들 듯 장면을 이어가며 아이들에게 들려줄 이야기를 구성한다. 이 과정은 교사에게 새롭고 특별한 능력이 자라나는 시간이다.

각 동물이 사는 환경이나 날씨, 건조함과 습한 정도를 떠올리며 각 동물의 특징을 상상해 보는 것 또한 장면을 이어나가는 데 좋은 길잡이가 된다. 파도에 휩쓸려 바위에서 미끌어져 내려가는 바다표범, 바삭바삭 소리가 들릴 것 같은 벼 이삭 사이 멧밭쥐, 새끼 독수리 키아가 깍아지른 절벽 위에서 바람을 타고 날기 연습을 하는 장면들 속에서 물과 땅, 공기와 빛의 본질이 생생하게 살아난다.

동물들이 사는 자연, 생김새, 움직임, 특징 들이 생생한 장면부터 새끼 동물들의 치열한 홀로서기나 사람과 동물이 교감하는 이야기들이 교사의 가슴으로 전해질 때 비로소 교사가 자신감과 힘을 갖고 아이들 앞에 서서 이야기를 들려줄 수 있다. 교사에게도 이 모든 과정이 특별한 경험이고 기쁨이다.

모든 수업 준비 과정이 그렇듯이, 교사가 겪는 고통의 시간이 길수록 학생들에게 살아 있는 진짜 배움이 일어난다. 이야기를 정성들여 준비하고 그 이야기를 아이들에게 잘 전달하는 과정에서 찾아오는 기쁨은 아이들과 교사, 그리고 교실 전체를 포근한 만족감으로 부드럽게 안아 준다.

고맙다. 동물학은 사람과 동물에 관한 이야기다. 나는 <하늘을 머리에 받들고, 땅 위를 두 발로 내딛고, 가슴 가득 큰 사랑을>이란 노래로 동물학 수업을 시작한다. 이 노랫말처럼 아이들은 동물학을 배우며 고마움과 사랑을 배운다. 이 책에는 각 동물 이야기 끝에 '고슴도치, 프리클'과 같이 동물과 사람의 관계에 대한 이야기가 덧붙여져 있다. 저마다 가슴 찡한 내용들이다. 아이들은 실제 이야기를 들을 때 가끔 '진짜예요?'라며 놀란다. 가까운 주변에서 일어난 일에 대해 관심이 더 많기 때문이다. 나는 책에 나온 동물뿐만이 아니라 우리나라에 맞는 '소' 같은 동물 이야기도 들려주면서 그에 걸맞은 노래도 함께 부른다. 도움이 될까 싶어 말미에 동물학 수업 시간에 부르는 노래 악보도 실어 본다.

설렌다. 책 곳곳에 숨겨진 보석 같은 이야기들은 학년이 올라가며 다시 새롭게 되살아나 빛날 것이다. 발굽이 있는 말의 우아한 달리기는 조화롭고 균형 잡힌 5학년 아이들의 힘차고 멋진 달리기로, 조개와 달팽이 껍데기인 석회질은 6학년 광물학에서 돌의 주제와 연결된다. 자라나는 아이들의 삶에서 이 귀하고 특별한 동물들에 대한 배움이 어떻게 되살아나 빛날지 사뭇 기대된다.

아이들 앞에 당당히 서서 최선을 다하고자 하는 교사를 위한 길잡이 책이 한 권씩 나올 때마다 어둠 속에서 찾아 헤매던 길

에 등불이 하나씩 켜지듯 마음이 반짝거린다. 발도르프 교사의
삶을 살기 전까지 그다지 관심 갖지 않았던 식물을, 식물학을 가
르치며 좋아하게 되었고, 동물학을 가르치며 동물을 사랑하게 되
었다. 이 책은 모든 사람에게 새로운 흥미와 통찰을 주는 책이다.
'알면 사랑하게 되리라!' 라는 말처럼 세상에 다정한 관심을 보이
고 싶은 사람들에게 일독을 권한다.

우리 집 강아지

류창근 시 / 백창우 곡

우는 소

이원수 시 / 백창우 곡

보 고 싶 어 울 지
아 가 소는 팔 려서 - 멀 리멀 리갔 는 데 -
풀 안 먹 고매 - 매 - 울 면 뭘 하 니 -
빨 강 꽃노 랑 꽃 - 머 리에 꽂아 줄께 -
누 렁 아 울지 말고 나 랑같 이놀 - 자 -

염 소

이원수 시 / 백창우 곡

엄매- 애   엄매-   애
염 소 가 웁 니 다   울 밖 을 내 다 보 - 고
염 소 가 -   웁 니 다
이 문 좀 열 어 줘   이 문 좀 열 어 줘
발돋움질해 봐도 아니되어 -   뿔로탁탁받아봐도 아니되어 -
울안에서 -   염 - 소는 -   파 - 래진 -   언덕보고 -
눈 - 물을 -   글썽이며 -   잔디밭에 -   가고싶어 -
매 애 -   웁 니 다
매 애 -   웁 니   다
민 들 레 도 피 었 네 오 랑 캐 꽃 도 피 었 네

보리밭언 덕 너 머 엔 살구꽃 도 피 었 네
염 소 는 애 가 타 서 발 돋음질 또 하 네
염 소 야 - 염 소 야 - (말하듯)봄이와도 너는 놀러도 못 가는구나

청개구리

이원수 시 / 이용선 곡

앵 두나 무 가 지에 청개구리 앉 아서 더 운여 름
가 지끝에 매 달린 앵두앵두 익 으면 제 가면 저
청개구 리 청개구 리
온 다 고 노래노래 - 합 니 다 개굴 개굴 개굴 개굴
딴 다 고 노래노래 - 합 니 다
청 개 구 리 노 래 해
개굴개굴 청개구 리 개굴개굴 개굴 개굴 개굴 개굴 노래한다
개굴 개굴 개굴 개굴 개굴 개굴 청개구리 개굴 개굴 노래한다
RIT.

동물 농장

로드바기스 곡

1. 닭 장속 에는 암 탉이-(꼬꼬댁)문 간옆 에는 거 위가-(꽥꽥꽥)
2. 깊 은산 속엔 뻐 꾸기-(뻑뻐꾹)높 은하 늘에 종 달새-(후르르)
배 나무 밑에 염 소가-(음-매) 외 양간 에는 송 아지-(음-매)
부 뚜막 위엔 고 양이-(야옹) 마 루밑 에는 강 아지-(멍-멍)
닭 장속 에는 암 탉들- 이 문 간옆 에는 거 위들- 이
깊 은산 속엔 뻐 꾸기- 가 높 은하 늘엔 종 달새- 가
배 나무 밑에 염 소들- 이 외 양간 에는 송 아지-
부 뚜막 위엔 고 양이- 가 마 루밑 에는 강 아지-
오 히 야하하- 오
오 히 야하- 오

함께 읽으면 좋은 ——
푸른씨앗 책

발도르프학교의 미술 수업_ 1학년에서 12학년까지
마그리트 위네만 · 프리츠 바이트만 지음 | **하주현** 옮김

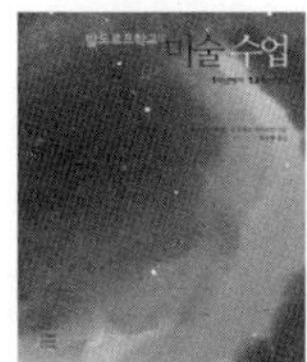

독일 발도르프학교 연합 미술 교사 세미나에서 30년에 걸쳐 연구한 미술 교과 과정 안내서. 담임 과정(1~8학년)을 위한 회화와 조소, 상급 과정(9~12학년)을 위한 흑백 드로잉과 회화, 그리고 괴테의 「색채론」을 발전시킨 루돌프 슈타이너의 색채 연구를 만날 수 있다.

188×235 | 272쪽 | 30,000원

발도르프학교의 수학_ 수학을 배우는 진정한 이유
론 자만 지음 | **하주현** 옮김

1학년부터 8학년까지 아이 발달 단계와 수업 과정을 소개하며 아이들이 수학에 대한 흥미를 잃지 않으면서 '수학을 배우는 진정한 이유'를 찾아간다. 40년 동안 발도르프학교에서 수학을 가르친 저자가 수학의 재미를 찾아 주는, 통찰력 있고 유쾌한 수학 지침서

165×230 | 400쪽 | 25,000원 e북

살아있는 지성을 키우는 발도르프학교의 공예 수업
패트리샤 리빙스턴 · 데이비드 미첼 지음 | **하주현** 옮김

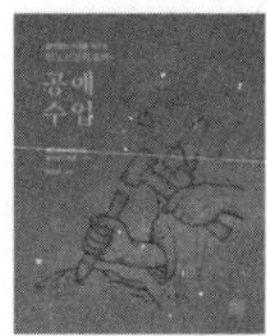

1~12학년까지 전 학년에 걸친 공예 수업의 의미와 실천 방법을 만나 본다. 30년 가까이 아이들을 만난 공예 교사의 통찰에서 명확하면서 상상력이 풍부한 사고를 키우는 공예 수업을 경험할 수 있다.

150×193 | 308쪽 | 25,000원

발도르프학교의 형태그리기 수업 + 형태그리기 1~4학년 세트

한스 루돌프 니더호이저 · 마가렛 프로리히 지음 | **푸른씨앗** 옮김

에른스트 슈베르트 · 로라 엠브리 – 스타인 지음 | **하주현** 옮김

'형태그리기'는 아이들의 생명력, 사고력, 의지력을 키우기 위해 발도르프 교육에서 새롭게 제안하는 교과목이다. 루돌프 슈타이너가 여러 교육학 강의에서 설명한 내용을 모은 책과 발도르프 교사 연수에서 진행된 수업 예시 모음 책 두 권

210×250 | 2권 세트 | 16,000원

맨손 기하_ 형태그리기에서 기하 작도로

에른스트 슈베르트 지음 | **푸른씨앗** 옮김

현대 수학 교육에서 소홀히 다루고 있는 기하 수업의 중요성을 일깨우는 책. 3차원 공간을 파악하기 시작하는 4~5학년에서 원, 삼각형, 사각형 등 형태의 특징을 알아보며, 서로 어떤 관계가 존재하는지 찾는다.

210×250 | 104쪽 | 15,000원

투쟁과 승리의 별, 코페르니쿠스

하인츠 슈폰젤 지음 | **정홍섭** 옮김

7학년 아이들이 천문학 수업을 시작하며 만나는 인물 코페르니쿠스의 전기 소설. 교회의 오래된 우주관과 경직된 천문학에 맞서 혁명을 실현한 인물의 일생이 15세기의 유럽 모습이 담긴 삽화, 발도르프학교 학생 공책과 함께 아름답게 수놓아져 있다.

140×200 | 236쪽 | 12,000원

청소년을 위한 발도르프학교의 연극 수업
데이비드 슬론 지음 ｜ **이은서·하주현** 옮김

연극은 청소년들의 상상력을 살아 움직이게 한다. 예술 작업인 동시에 공동체를 향한 사회성 훈련이기도 하다. 연극 수업뿐 아니라 배움을 시작할 때 학생들을 도와주는 활동 73가지도 소개한다.

150×193 ｜ 308쪽 ｜ 18,000원 　# 『무대 위의 상상력』 개정판

발도르프학교의 식물학 수업
찰스 코박스 지음 ｜ **홍정인** 옮김

식물 진화의 체계와 인간의 발달을 연결하며 세상의 지혜를 가깝게 느끼게 해 주는 새로운 식물학 수업 소개서. 10~12살 아이들의 영혼에 맞추어 식물의 세계가 따뜻하고 생생하게 펼쳐진다. 1부에서는 아버지 '해'와 어머니 '땅' 사이의 식물 가족(균류부터 장미 가족까지), 2부에서는 다양한 쓰임새가 있는 식물을 소개한다. 교사와 부모 모두에게 추천한다.

150×193 ｜ 156쪽 ｜ 16,000원

청소년을 위한 발도르프학교의 문학 수업_ 자아를 향한 여정
데이비드 슬론 지음 ｜ **하주현** 옮김

청소년기에 내면에서 죽고 태어나는 것은 무엇인가? 상급과정(9~12학년) 아이들의 의식 변화를 살펴보고, 고뇌와 소외감에서 벗어나 자아를 탐색하는 청소년기의 여정에 힘이 되어 주는 문학 작품을 소개한다.

150×193 ｜ 288쪽 ｜ 20,000원

파르치팔과 성배 찾기
찰스 코박스 지음 | **정홍섭** 옮김

발도르프학교 9학년 문학 수업을 통해 만나는 '파르치팔' 이야기. 내가 누구인지, 어떤 사람인지, 이 세상에서 해야 할 일이 무엇인지, 그래서 나는 무엇을 하고 있는지? 학생들은 '파르치팔' 수업을 통해 삶에 필요한, 자신의 개별적인 성배 찾기를 경험하게 될 것이다.

150×220 | 232쪽 | 14,000원 
e북　오디오북

오드리 맥앨런의 도움수업 이해
욥 에켄붐 지음 | **하주현** 옮김

학습에 어려움을 겪는 아이들을 돕는 일에 평생을 바친 영국의 발도르프학교 교사 오드리 맥앨런의 「도움수업The Extra Lesson」 개념을 풀어낸 책. 도움수업의 토대가 되는 인지학의 기본 개념과 저자의 수업 경험을 함께 소개한다.

150×193 | 330쪽 | 25,000원 
e북

8년간의 교실 여행_ 발도르프학교 이야기
토린 M. 핀서 지음 | **청계자유발도르프학교** 옮김

담임 과정(1~8학년) 동안 교사와 아이들이 함께 성장한 과정을 담은 감동 에세이. 한국에서 첫 발도르프학교를 시작하며 함께 공부하고 번역한 것으로 푸른씨앗의 첫 번째 책이기도 하다. 교육 현장의 변화를 꿈꾸는 모든 분에게 권한다.

150×220 | 264쪽 | 14,000원 
e북

12감각_ 루돌프 슈타이너의 인지학 입문
알베르트 수스만 강의 ｜ **서유경** 옮김

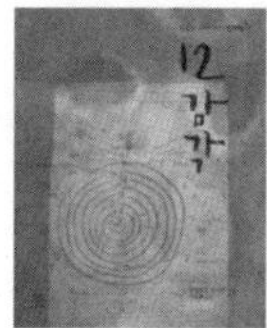

발도르프 교육을 창시한 루돌프 슈타이너는 인간의 감각을 12개로 분류한다. 12개의 감각은 육체감각, 영혼감각, 정신감각으로 나눌 수 있다. 네델란드의 의사인 저자가 쉽게 설명한 인간의 12감각에 대한 6일간의 강연록

150×193 ｜ 392쪽 ｜ 28,000원 

발도르프학교의 아이 관찰
_ 6 가지 체질 유형 ｜ 미하엘라 글렉클러 강의 ｜ 하주현 옮김
_ 학교 보건 문제에 관한 루돌프 슈타이너와 교사 간의 논의 ｜ 최혜경 옮김

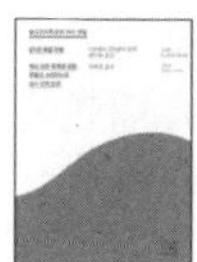

학령기 아이들의 6가지 체질 유형을 소개하고, 체질에 따라 도움이 되는 교육과 의학 차원의 치유 방법을 제시한다. 전 세계 발도르프 교사, 의사, 치료사들을 대상으로 한 강의록과 루돌프 슈타이너와 교사회 간의 기록을 함께 묶었다.

105×148 ｜ 188쪽 ｜ 12,000원

사춘기_ 자아를 만나는 신성한 여정
베티 스텔리 지음 ｜ **하주현** 옮김

11세부터 21세까지 변화를 겪는 사춘기 아이들의 영혼을 중세 전설 <파르치팔> 이야기를 따라가며 만나 본다. 사춘기 3단계를 거치는 동안 청소년들의 생각, 느낌, 행동은 성숙하고 책임 있는 어른의 상태로 다듬어진다. 5학년 이상 청소년기 자녀를 둔 부모나 교사가 모여 함께 읽으면 좋은 책

140×200 ｜ 426쪽 ｜ 25,000원

7~14세를 위한 교육 예술
루돌프 슈타이너 강의 ┃ **최혜경** 옮김

루돌프 슈타이너의 생애 마지막 교육 강의. 최초 발도르프학교에서 조망한 경험을 바탕으로, 7~14세 아이의 발달 변화에 맞춘 혁신적 수업 방법을 제시한다. 생생한 수업 예시와 다양한 방법으로 교육 예술의 개념을 발전시켰다.

127×188 ┃ 280쪽 ┃ 20,000원 

청소년을 위한 교육 예술
루돌프 슈타이너 강의 ┃ **최혜경** 옮김

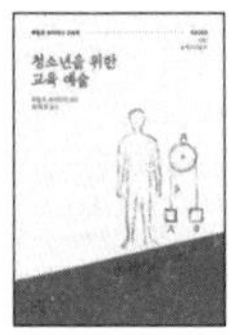

14, 15세 무렵 아이들에게 나타나는 전형적인 특성을 인지학적으로 고찰하고, 지금까지와는 다른 수업 방식을 찾아야 한다고 역설한다. 모든 감각이 세상을 향해 열려 있는 청소년에게는, 내면에 활기찬 느낌이 가득 차도록 수업을 해야 한다고 강조하고 있다.

127×188 ┃ 268쪽 ┃ 20,000원 

인간에 대한 앎에서 나오는 교육과 수업
루돌프 슈타이너 강의 ┃ **최혜경** 옮김

첫 번째 발도르프학교 교사 연수를 보충하기 위해 1920~1923년까지 진행한 9편의 강의. 명상적 인간학이라고도 부르는 첫 네 편의 강의는 생후 첫 7년의 신체 형성과 이후 교육에서 중요한 역할을 하는 세 가지 힘의 작용을 설명한다.

127×188 ┃ 292쪽 ┃ 20,000원

푸른씨앗은 콩기름 잉크로 인쇄하여 책을 만듭니다.

겉지   한솔제지 인스퍼 에코 222g/m^2
속지   전주 페이퍼 Green-Light 80g/m^2
인쇄   (주) 도담프린팅 | 031-945-8894
글꼴   마루부리 미디엄 11pt /18
책 크기   150×193

이 책의 표지에는 〈제주 돌담〉, 내지에는 〈마루부리 미디엄,해파랑,아리따 돋움,Berlin Sans FB,제주 돌담〉 서체를 사용했습니다.